Counseling Practice of
Multicultural Person/Family

다문화
상담의 실제

－대면상담과 비대면상담－
Face to Face
Non Face to Face

머 리 말

　다문화 시대가 한층 더 다가오면서 우리 사회는 변화하고 있다. 이제 다문화 사회는 선택이 아니라 자연스러운 수용과 공감 및 소통이 필요하다. 필자는 현시점에서 '다문화' 라는 용어 자체가 다문화 사회의 부작용을 부추길 수 있다고 생각한다. 즉, '다문화' 용어를 사용하지 않는 것이 다문화가정들이 겪게 되는 다양한 문제들을 해결하는데 예방적 차원에서 긍정적인 효과를 줄 수 있다는 의미이다. 다문화 시대에 다문화 구성원들이 우리 사회에 주는 유익은 매우 다양하다. 반면에 다문화 구성원들이 우리 사회에서 살아가는데 힘겨운 부분들이 있다. 특히, 다문화 학생들의 학교생활 부적응과 학교 중도 탈락에서 나타나는 어려움은 다문화가정의 문제이자 우리 사회가 고민해야 하는 문제이다. 필자는 미국에서 공부하면서 언어와 경제적인 어려움도 있었지만, 문화적 충격으로 인한 심리적 갈등을 겪은 경험이 있다. 필자의 경험은 다문화가정과 학생을 상담하는데 도움이 되고 있다. 본서는 그동안 출판했던 책들을 재구성하여 『다문화 상담의 실제』 에 대해 포스트 코로나 시대의 대면상담과 비대면 상담을 구분하여 출간한 것이다.

2020년 6월 김상인

= 목 차 =

VI
상담의
실제

I. 다문화가족 이해

Ⅰ. 다문화가족의 이해

1. 다문화가족의 정의

다문화가족(Multi-cultural Family)은 서로 다른 국적이나 인종, 문화를 지닌 사람들이 함께 가족을 구성하는 가족체계이다. 즉, 다문화가족은 다양한 문화와 가치관이 공존하는 가족을 일컫는 용어로 국제결혼 가족을 시작으로 2003년 건강시민연대가 제안한 것으로 혼혈아처럼 차별적이고 부정적인 이미지를 갖는 용어를 대체한 개념이기도 하다. 『다문화가족지원법』1) 제2조에 따르면, "다

---

1) 다문화가족지원법 (약칭: 다문화가족법) [시행 2016. 9. 3.] [법률 제14061호, 2016. 3. 2., 일부개정] 여성가족부(다문화가족과), 02-2100-6372. 제1조(목적) 이 법은 다문화가족 구성원이 안정적인 가족생활을 영위하고 사회구성원으로서의 역할과 책임을 다할 수 있도록 함으로써 이들의 삶의 질 향상과 사회통합에 이바지함을 목적으로 한다. <개정 2015. 12. 22.> 제2조(정의) 이 법에서 사용하는 용어의 뜻은 다음과 같다. <개정 2011. 4. 4., 2015. 12. 1.> 1. "다문화가족"이란 다음 각 목의 어느 하나에 해당하는 가족을 말한다. 가. 「재한외국인 처우 기본법」 제2조제3호의 결혼이민자와 「국적법」 제2조부터 제4조까지의 규정에 따라

문화가족은 결혼이민자 또는 귀화 허가를 받은 자와 대한
민국 국적자로 이루어진 가족이며, 국제결혼 가족, 외국인
근로자 가족, 새터민 가족" 등으로 구분된다. 다문화가족은
국가, 성, 계급 등의 결합을 포함하는 개념으로 언어 및 문
화 적응을 포함하는 개념의 접근을 해야 한다.

2. 한국의 다문화가족 형성

한국 사회는 1990년대 중·후반을 기점으로 다문화
사회로 접어들기 시작했다. 이는 세계화에 따라 인구의
국가 간 이동의 원인, 그리고 우리나라는 주로 혼인 적령
기를 놓친 농촌 지역의 미혼 남성 위주로 국제결혼이 시

대한민국 국적을 취득한 자로 이루어진 가족 나. 「국적법」 제3조 및
제4조에 따라 대한민국 국적을 취득한 자와 같은법 제2조부터 제4조까지의
규정에 따라 대한민국 국적을 취득한 자로 이루어진 가족
2. "결혼이민자 등"이란 다문화가족의 구성원으로서 다음 각 목의 어느
하나에 해당하는 자를 말한다. 가. 「재한외국인 처우 기본법」 제2조제3호의
결혼이민자. 나. 「국적법」 제4조에 따라 귀화 허가를 받은 자
3. "아동·청소년"이란 24세 이하인 사람을 말한다.

작되면서 한국 사회에 편입되어 다문화가족이 형성되기 시작하였다. 여성 결혼이민자는 세 단계를 걸쳐 증가되었다. 첫째, 1990년대 초 중국과 수교 이후 조선족 여성들이 대거 유입되었다. 두 번째는 일본과 필리핀, 한족 등 특정 종교의 신도 또는 더 나은 삶의 조건을 찾아 한국 남성과 결혼을 하여 유입되었다. 세 번째는 2000년 이후 필리핀, 베트남을 중심으로 한 동남아 여성들이 사설 결혼 중개업체를 통해 대거 입국 되었다. 다문화가족의 이해는 부부 체계의 갈등, 부모와 자녀 체계의 갈등, 그리고 문화 체계의 갈등 해결이 중요하다.

3. 부부 체계의 갈등

國제결혼을 통해 한국에 거주하고 있는 여성 결혼이민자는 자국 문화와 한국 문화의 차이, 언어 소통의 어려움, 생활 습관 및 사고방식의 차이를 경험하게 된다. 특히 결혼 초에 한국어 구사와 문화적 차이로 부부 사이에 오해와 갈등이 발생하게 되고 한국의 전통인 남편(남자)

위주에 생활문화를 가지고 있는 한국 사회의 가족 내 문화적 충격으로 갈등이 야기되기도 한다. 또한, 농어촌의 남자들과 결혼을 한 여성들은 대부분 가정주부로 지내거나 남편과 함께 농어촌의 일을 하게 된다. 따라서 여성들이 한국 사회에 참여할 기회가 적어 다른 사람들과 어울리거나 사회활동을 하지 못하게 된다. 주로 여성들은 남편이나 시집 식구와만 지내기 때문에 한국 문화와 사회에 적응하는 것이 더 어려워지게 된다. 더욱이 언어 소통 문제는 시부모와 대화가 어렵고 시부모의 간섭을 받게 되는 요인이 된다.

다문화 부부의 갈등은 넉넉지 못한 경제 상황도 한몫을 한다. 여성의 국가가 한국 사회보다 경제적 수준이 낮을 경우 더욱더 그렇다. 여성들은 자신의 가족에게 경제적인 도움을 주고 싶은데 시댁의 경제가 좋지 않으면, 이에 따른 부부 갈등이 발생하게 된다. 이러한 어려움을 해결하기 위해 결혼이주 여성들은 친구나 가족들에게 하소연하게 되는데 이 역시 언어 소통 문제가 걸림돌이 된다. 이러한 다문화 부부 체계는 정신적 심리적 문제의 원인이 된다.

4. 부모와 자녀 체계의 갈등

다문화가족의 외국인 여성들은 한국 사회에 적응하는 시기와 자녀 육아의 시기가 겹치는 경우가 많다. 특히 중매업체를 통해 교제 기간 없이 결혼한 후 바로 한국에 입국한 경우에는 배우자와의 문화 차이와 언어 소통의 어려움으로 적응과 자녀 양육에 이중적으로 어려움을 겪게 된다. 또한, 육아에 대한 준비가 충분치 않은 결혼 초기에 아이를 가질 경우, 자녀 육아 시기와 문화 적응 시기가 겹쳐 혼란이 가중되고 있다. 더욱이 한국 사회는 자녀 양육 문제에서 아버지의 역할보다는 어머니의 역할에 더 많은 비중을 두기 때문에 결혼 이주여성은 육아의 고충도 함께 경험하게 된다.

다문화가족의 엄마들은 자녀의 성장 과정에 필요한 발달 과업을 이해하지 못한 상황 가운데 자녀를 돌보는 과정에서 어려움과 갈등을 가지게 된다. 또한, 다문화가족의 자녀들은 아동기에서 청소년기로 성장하는 과정에서

학업, 또래 관계, 정체성 혼란 등으로 학교 부적응과 일
탈 행위에 노출될 확률이 높다. 그런가 하면, 다문화가족
의 엄마들은 자녀에 대한 애착이 높다. 그 이유는 타국
생활을 하는데 자녀가 심리적 거점이자 희망이 되기 때문
이다. 이러한 문제 상황에서 다문화가족의 엄마들은 정신
적 심리적 문제를 호소하는데 어려움이 있다. 따라서 전
문적인 다문화가족 상담이 절실히 필요하다.

5. 문화 차이와 갈등 체계

다문화가족의 여성들은 국제결혼 이후 부부 체계 부모
자녀 체계의 갈등과 함께 문화적 충격에 따른 갈등으로
이중 · 삼중고를 겪고 있다. 문화충격과 갈등은 결혼생활
을 시작하면서 현실을 알게 되는 단계이다. 다양한 형태
로 한국에 온 다문화인들은 결혼 전 한국에 대해 가졌던
막연한 동경과 달리 언어가 통하지 않아 생활에서 어려움
을 느끼고, 외국인이라는 편견적인 시선과 차별을 당하
고, 남편의 환경과 성격도 결혼 전 생각과 달라 갈등을

겪는 단계이다. 결혼 전 배우자에 대한 충분한 정보와 한 국에 대한 정보가 얼마나 충분하고 배우자와 얼마나 동질 성을 가지고 있었는가에 따라 문화 차이와 갈등의 양이 다르다.

지금까지 논한 바와 같이 다문화가족 이해는 한 가족 체계 차원에서 접근하는 것이 중요하다. 그 후 사회구조 체계가 보호하고 보장하는 것에 울타리가 필요하다. 다문 화가족이 우리 사회에 건강하게 정착하려면, 한 개인의 노력과 가족체계의 건강한 갈등과 화해와 수용과 공감이 반복되는 가운데 세워지게 될 것이다. 또한, 중요한 것은 다문화가족에 대한 건전한 사회적 인식이다. 우리 사회가 다문화가족이 우리 사회의 일부로 수용하기보다는 같은 하늘 아래 같은 울타리 안에 있다는 분명한 인식의 변화 가 있어야 한다. 이뿐만 아니라 다문화가족이 갈등과 충 격으로 정서적 정신적 문제가 발생하기 이전에 예방 상담 이 중요하다. 그리고 다문화가족의 구성원들 간의 갈등과 사회와 학교의 부적응과 문화적 충격을 겪고 있는 이들에 게 현실적으로 다문화가족을 위한 전문적인 상담 서비스 가 매우 중요하다.

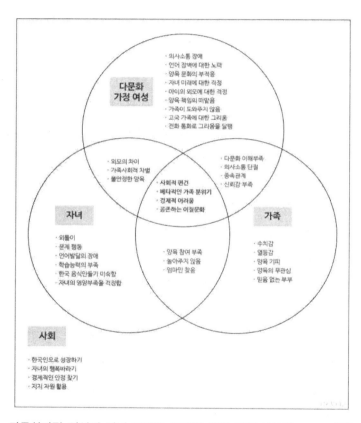

다문화가정 여성의 자녀 그리고 가족의 양육 경험(한상영, 2011) 인용

II. 인간 심리와 정신건강

Psychology
Mental
Health

1. 인간심리

1) 인정욕구(desire for recognition)

인간은 다른 사람에게 인정받고 싶어 하지만 다른 사람을 인정하는데 매우 인색한 심리가 있다. 인간의 인정욕구는 선천적 욕구로 타인에게 인정받지 못하면 심리적 · 정서적 불안과 스트레스 상황에 놓이게 된다. 인정욕구는 자기중심적 사고에서 발생되는 심리이다. 자기중심적 심리가 높을수록 인정욕구가 강하게 나타난다.

인간은 자신의 행동에 대해서 옳고 그름을 막론하고 인정받기를 원한다. 인간은 자신의 언행과 감정표출 등에 대해서 인정을 받고 싶어 한다. 또한, 인간은 무의식적으로 자신의 모든 것에 대해 인정받기를 원한다. 기본적으로 인간은 자신의 언행에 대해서 지적하거나 수정을 요구하면 핑계를 대거나 합리화부터 하게 된다. 더 나아가서는 자신의 언행에 대해서 정당화하려는 욕구 때문에 무의식적으로 다양한 정신적 심리적 방어기제를 사용함으로써 자신을 보호하려는 심리가 있다.

인간은 자신의 인정욕구 충족을 통해서 자신의 갈등과 고통을 완화시키고 표현하게 된다. 그런가 하면 인간은 자신의 말과 행동에 대해 인정받을 때 행복을 느끼며 자존감을 높일 수 있게 된다. 인간은 자신의 부모와 가족, 그리고 친구들로부터 인정받지 못하게 될 때 좌절감, 패배감, 수치감에 빠지게 된다. 그리고 극단적인 상황에서는 폭력적 언행으로 자신을 방어하게 된다. 그러나 인정욕구가 높은 사람일수록 타인의 부정적인 피드백을 받게 되면 우울 감정을 경험하게 된다(이정은, 2008).

인간은 사회공동체 속에서 부족함과 결핍 상황을 경험하게 되면 인정욕구가 더 강하게 작용한다. 인간은 인정욕구가 채워지지 않을 때 다양한 방법을 통해서 인정욕구를 채우기 위한 보상 행위를 추구한다. 따라서 주변 사람들은 힘들어질 수 있다. 인간은 자신의 모든 언행에 대해서 인정받으려는 욕구 때문에 정신적 스트레스 상황에 놓이게 된다. 적절한 인정욕구 충족은 개인과 가정, 사회생활에 긍정적인 결과를 준다.

청소년 시기는 자신의 욕구 충동을 통제하기 어려운 시기이다. 절제되지 못한 언동은 가족과 친구, 주변 사람들에게 피해를 주게 된다. 인간의 욕구는 내부에서 일어나는 발생적 욕구와 외부 환경 자극에 의한 반응 욕구로 구분된다 (Henry Murray 1999). 청소년의 인정욕구는 무의식적 동기가 있어 보상과 인정이 필요하다(Hjelle & Ziegler, 1990).

사춘기 학생들이 대중 즉, 또래집단에서 인정받으려는 강한 욕구가 적절하게 조절되지 않으면 문제행동을 하게될 확률이 높다. 따라서 부모는 사춘기 학생들의 인정욕구에 따른 과시 행동과 우월 행동에 대해서 대응을 적절하게 하는 것이 중요하다. 그러므로 청소년기의 자녀를 둔 부모는 생각과 행동보다는 마음을 이해하는 감성코칭 상담이 중요하다.

2) 과시욕구(desire to show off)

인간은 누구나 무의식적으로 과시욕구가 있다. 이는 생존을 위한 본능이며, 자신의 삶을 지탱하기 위한 자연스러운 태도이기도 하다. 과시욕은 자신의 표현이자 마음의 언어일 수도 있다. 과시욕은 말과 행동으로 자신을 주변 사람들에게 표현하는 심리이다. 과시욕은 관심을 끌기 위한 것, 열등감을 숨기려는 것, 자존심을 살리려는 것이 심리가 공존하는 심리이다. 특히, 청소년기에 과시욕을 조절하지 못하게 되면, 주변 친구들을 괴롭히는 심리와 폭력 심리로 발전하기 쉽다. 과시욕(잘난 척)은 친구들 사이에 비교심리로 작동하게 되면서 은연중에 또래 친구들에게 상처를 주거나 받을 수 있다. 과시욕은 자기애적 성향에서 나온 심리이다. 이 과시욕은 인정욕구와도 관련이 있다.

청소년기 시기는 자기애 즉, 과시욕이 잘 조절되지 않는 시기이다. 그래서 청소년기에 과시욕은 일탈 행위를 유발하기도 하며, 폭력이나 왕따를 일으키게 되는 원인이 되기도 한다. 과시욕은 학교 친구들 사이에 자신을 각인시키는 심리적 도구로 사용될 때에는 교사와 충돌 원인으로 발전하기도 한다. 따라서 청소년기의 과시욕은 수용하고 공감해 주는 코칭상담이 중요하다.

3) 관심욕구(interest attention)

인간은 무의식적으로 주변 사람들에게 관심을 끌려는 강한 심리를 가지고 있다. 관심욕구는 가정에서 부모의 관심을 얻지 못하고 양육된 사람일수록 학교생활, 또래 친구, 주변 사람에게 관심을 집중시키는 언행을 하게 된다. 관심을 끌기 위한 언행은 대부분 긍정적인 것보다는 부정적인 것을 더 많이 하게 된다. 과도한 관심욕구는 뮌하우젠 증후군(Munchhausen Syndrome)2)과 관련이 있다.

---

2) 뮌하우젠 증후군은 자신이 중요한 사람이라고 느끼고 싶으며 관심받고 싶은 마음이 극도에 달하는 정신질환의 일종이다. 이들은 관심과 동정을 받고 싶어서 극단적인 방법을 사용하기도 한다. 고의적 증상을 만들어 내기도 하는데, 예를 들어 증상을 만들기 위해 자해하거나 위협적 행동으로 관심을 받고 주목받고자 하는 언동을 하게 된다. 이는 애정결핍 또는 사랑의 결핍이 정신병을 부른다. 병이 없는데도 타인의 관심을 끌기 위해 아프다고 거짓말을 하거나 자해를 일삼는 정신질환을 말한다. 정신의 방어 메커니즘이 어릴 적 의사에게 보살핌을 받던 상태로 퇴행하는 것이다. 이들은 타인의 관심을 얻기 위해 주로 환자 흉내를 낸다. 어린 시절 아팠을 때 주위 사람들이 쏟았던 헌신적인 사랑과 관심을 잊지 못해

관심욕구는 무관심에서 나오는 심리 중 하나로 평상시 주변 사람들에게 관심을 받지 못한 사람에게 나타나는 자연스러운 심리 행동이다. 이 관심욕구가 부정적으로 나타날 때 학교생활과 사회생활에서 일탈 행위로 연결되는 경우가 많다. 이러한 관심욕구는 부정적인 행동을 보이면서 나타난다. 그런가 하면, 청소년기에는 이러한 관심욕구를 통해서 자신을 알리고 자존심을 내세우기도 하는 가운데 일탈 행위도 주저하지 않는다. 따라서 부모와 교사는 관심욕구를 통해서 자기표현을 하고 친구들에게 호응을 얻고자 하는 학생들에 대해서 감정과 교육적 훈계 이전에 감성 코칭상담 측면에서 접근해야 한다. 일탈 행위로 관심욕구를 보이는 사람에게는 일차적으로 수용하고 행위에 대한 지도 이전에 그 심리를 이해하고 초기 대응을 해야 한다.

사랑받고 싶을 때마다 꾀병을 부려 관심을 끌려고 한다. 이들은 자신의 가족이나 지인들에게 늘 자신이 아프다는 사실을 인지시키려 하며 발작, 기절, 실언증, 폭언증, 기억상실증 등과 같은 정신적인 쇼크 증상까지 연기해 관심을 유도하기도 한다. 이들은 실제로 병원을 찾아 진료를 받기도 하지만 병원에서도 꾀병을 멈추지 않는다. 이들 대부분은 어린 시절 부모와의 관계가 비정상적인 경우가 많았는데, 지나친 과잉보호를 받고 자라난 인간이 홀로서기에 대한 두려움으로 현실도피의 수단으로 택할 수 있다고 한다.

4) 핑계(이유)·정당화심리(excuse psychology)

인간은 기본적으로 자신의 언동에 대해서 여러 가지 이유를 말하고 정당화하려는 심리가 있다. 핑계심리는 자신의 실수들에 대해서도 그 즉시 잘못을 인정하려고 하지 않는다. 일차적으로 핑계와 이유를 말하면서 그 상황에서 벗어나려고 하는 자동적 사고가 있다. 핑계의 심리는 책임을 회피하려는 심리로도 정의할 수 있다. 자신의 행동에 대해서 책임을 지려고 하지 않는다. 핑계는 내키지 않는 사태를 피하거나 사실을 감추려고 방패막이가 되는 다른 말과 이유를 내세우는 언행이다. 다시 말해서, 인간은 자신의 잘못된 언행에 대하여 이리저리 돌려 말하는 경향이 높으며, 구차한 변명을 늘어놓는 무의식적 본능을 가지고 있다. 이는 정신 방어기제와도 관련이 있다.

사춘기 학생들의 특징 가운데 하나가 바로 자신의 언행에 대한 수정을 요구하는 부모나 교사에게 반하는 감정과 (그냥 막연하게) 이유를 말하는 심리이다. 사춘기의 학생들은 자신의 잘못된 행위에 대해서 반성하기보다는 정당화하고 이유를 설명함으로써 곤란하고 난처한 상황을 회피하고 책임을 다른 사람에게 돌리기도 한다. 청소년 시기의 돌발적인 행동은 상당수가 무의식적인 부분이 많으며 이미 밖으로 표현된 언행에 대해 핑계로 정당화하려는 심리가 있다. 따라서 청소년을 지도하는 부모나 교사는 청소년기의 일탈적 행위에 대해서 핑계와 정당화를 무의식적으로 추구하는 시기임을 인식하고 초기 대응에 있어서 감정 읽기와 코칭 상담으로 적절한 대처가 필요하다.

5) 대중심리(popular psychology)

청소년기의 발달 특징 중 하나가 대중심리 즉, 영웅심리이다. 이 시기는 다른 사람들이 자신을 전혀 의식하지 않아도 스스로가 대중을 의식하면서 행동하는 시기이다. 청소년 시기에는 자신이 자신을 어떻게 평가하고 인정하느냐의 문제보다(자아존중감) 다른 사람, 또래 집단 또는 이성 친구가 나를 어떻게 평가하고 있는가에 더 집중되는 심리가 있다. 이러한 영웅심리는 청소년기에 긍정적인 발전을 준 반면에 종종 일탈적 행위에 자신도 모르게 극적으로 가담하게 된다. 따라서 부모와 교사는 청소년기 아이들이 자신의 영웅 심리를 긍정적으로 표출하도록 도울 수 있어야 한다. 영웅 심리로 인한 학생들의 일탈 행위에 대해서 감성코칭 상담으로 적절하게 대처해야 한다.

무작정 반항하고 각을 세우는 청소년 심리는 교사에게 불만이 있기보다는 사춘기적 특징인 무의식 행위가 대부분이다. 또한, 이 시기는 교사와 대치하고 있는 자신의 모습에 대해 또래 친구들이 어떻게 자신을 바라보느냐에 관심을 더 가지고 있다. 따라서 교사는 학생과 대치 상황에서 감정적으로 교육적 지도를 하기 위해 권위로써 밀어붙이기보다는 감성코칭 상담을 통해서 지도하는 지혜가 필요하다. 교사가 교실에서 제자와 대치하는 순간 30대 1의 상황이 되기 쉽다. 따라서 교사는 교실이 아니라 교무실이나 학생 생활지도실 또는 Wee Class 실에서의 감성코칭 지도가 효과적이다. 청소년 시기에는 또래 친구들 앞에서 자신의 행위가 평가받고 지적받는 것에 대해서 수용하려는 태도가 매우 부족하기 때문이다. 더욱이 친구들 앞에서 교사에서 충고나 꾸중을 듣게 되는 것을 가장 싫어하는 시기이다. 그러므로 교사는 교실 안에서 제자의 일탈적 행위에 대해 개별적 지도와 코칭상담을 적절하게 활용해야 한다.

청소년기에 영웅 심리를 잘 다스리지 못하게 된다면 성
인이 되어서 더 큰 범죄행위와 자신을 해치는 행동을 감각
없이 이행하게 된다(반사회적 성격). 청소년의 영웅 심리
가 긍정적으로 발전될 때 사회와 국가에 공헌할 수 있는
심리가 된다. 따라서 인간의 영웅 심리를 긍정적으로 사용
할 수 있도록 부모와 교사가 코칭상담을 해야 한다.

6) 방어심리(defensive psychology)

방어심리는 방어기제하고도 할 수 있다. 이는 인간이 살
아가면서 갈등과 좌절, 그리고 고통을 경험하게 될 때 자동
적 사고로 표현되는 심리적 과정이다. 인간은 자신의 행동
을 정당화하거나 이해를 원하는 부분들에 대해서 무의식적
으로 방어기제를 사용하게 된다. 대표적인 방어기제는 거
짓말, 어떠한 사실에 대해서 부인하는 것, 또는 폭력적인
언행 등이 있다.

방어심리는 무의식적인 언어와 행동을 하는 것으로 자
신도 무슨 방어기제를 사용하는지 의식하지 못하면서 사용
하게 된다. 방어기제는 인간의 본능, 양심, 그리고 현실 사

이에서 일어나는 필연적인 갈등 속에서 자동적(무의식적으로) 자아가 사용하는 정신기제이다. 특히, 청소년기는 즉흥적인 방어기제로 거짓말과 부인하는 행동으로 자신의 잘못이나 실수를 피해간다.

방어심리는 개인이 불안 또는 불쾌한 감정을 완화, 소멸시키기 위해 현실을 왜곡하는 과정이다. 인간은 자존심을 위협하거나 불안을 증가시키는 상황이 일어날 때 자신의 성격적 특성 및 동기가 의식되지 않도록 하기 위해 방어기제를 사용한다. 방어기제는 어떠한 문제나 스트레스 상황에서 정서 중심의 대처 범위에서 사용기도 한다. 방어기제는 사람들이 위협적인 충동이나 외부의 위험에 직접적으로 대응하기보다는 자기 자신의 자아를 보호하기 위해서 무의식적으로 현실을 왜곡하는 과정이다. 이러한 부분들은 주로 무의식적으로 나타나며 억압, 부인, 부정, 투사, 억제, 합리화가 그 예이다.

방어기제는 인간의 본능적인 욕구와 외부적인 현실 사이의 중재이며, 신경증적 대응방법이라고 볼 수 있다. 방어기제는 유년기에는 생존전략이자 보호막으로 유용하게 사용되며, 사춘기에**는 자신도 인식하지 못하는** 생물학적인 욕구들의 증가를 지연시키거나 감정을 안정시키기 위한 회복 차원에서 사용된다. 성인기에는 무의식적으로 사용되어 대인관계에서 어려움을 겪는다. 또한, 방어기제는 자존심에 위협을 받거나 불안을 느끼는 것을 회피하거나 적응하는 행동이며, 불안이나 불쾌 감정을 완화하거나 소멸하기 위해서 현실을 왜곡하는 과정이라고 할 수 있다.

방어기제는 정신병적 방어기제와 미성숙한 방어기제, 그리고 신경증적 방어기제와 성숙한 방어기제가 있다. 인간이 자주 사용하는 방어기제는 부정, 왜곡, 합리화, 퇴행, 투사3), 부정적 동일시4), 투사적 동일시, 소극적 공격적 행동5), 치환6) 행동화7)등이다.

---

3) 받아들일 수 없는 욕구, 충동, 태도, 행동을 무의식적으로 타인이나 환경 탓으로 돌리는 과정. 자기의 결점을 어떤 사람이나 사물을 통해 비난. 우연적이고 비합리적이며 상징적인 원인에 비난을 하는 것에 다른 실패의 원인을 돌리는 것.

4) 자신을 마치 유명한 배우나 폭력적 장면에 동일시하여 자신을 나타내거나 관심을 끌려는 심리

5) 관심을 끌기 위한 행동으로 어리석은 행동, 돌발적인 행동을 한다. 또한, 경쟁적인 행동을 피하기 위해 우스꽝스러운 행동을 함.

6) 부모님이나 다른 사람에 대한 불만들을 또 다른 누군가에게 화풀이 하는 심리.

7) 신체적인 행동을 사용하거나, 비행 혹은 충동적 행동을 하는 것이다. 또한,

2. 정신건강

정신건강(Mental Health)은 인간의 생리적 · 심리적 ·
사회적 측면에서 원활하게 상호작용하는 것이다. 정신적으
로 건강한 사람은 자신 안에 있는 기능을 올바르게 활용하
며 갈등 상황에서 사회공동체의 유익을 생각하게 되고, 현
실에 적응을 잘하는 사람이다. 또한 정신적 · 신체적 질환
에 대해서도 면역력이 강하며, 일상적인 환경과 범주에서
적응력이 좋으며 부정적인 사고보다는 긍정적인 사고를 갖
고 살아간다.

정신건강에 대해 프로이트(Sigmund Freud:1856-1939)
는 "나는 일할 만한 좋은 사업(일)을 하고 있으며, 또한 좋은
가정을 위해서 일하기 때문에 미래에 대해서 의욕적이다." 즉
"사랑하고 일하는 것(lieben und arbeiten)"으로 정의했다.
레오 톨스토이(Leo Tolstory: 1928-1910)는 약혼할뻔 했던

자신의 감정을 자각하는 것을 피하기 위해 성질을 부리거나 긴장(불안,
우울)을 완화하기 위해서 약물사용, 태만, 타락 혹은 자해적인 행위를 함.

발레리 아르세네프(Valery Arsenev)에게 "만약에 어떻게 일하고 사랑하는가를, 즉 사랑하는 사람을 위해서 일하고, 일을 사랑하는 것을 알게 되면 사람들은 이 세상을 멋지게 살 수 있다."고 하였다. 프로이트와 톨스토이는 인간이 자신에게 주어진 일과 가정을 위해서 보람과 가치를 부여하고 기쁨으로 "일하고 사랑하는 것"으로 정신건강을 정의했다.

건강한 정신건강은 목적을 가지고 일하고, 사랑하는 사람들을 위해서 일하기 때문에 미래가 희망적인 삶이 되는 것이다. 정신건강은 "다른 사람과 어떻게 관계하는가?"가 중요하다. 정신적으로 건강한 사람은 자신의 목표를 이루고, 주변 사람들이 목표에 도달할 수 있도록 도와주는 사람이다. 반대로 건강하지 못한 사람은 친구보다 적을 더 많이 만들고, 자신의 욕구를 좌절시키는 삶을 살게 된다.

정신병리 학자 로이 그린커(Roy Grinker) I 세는 "『건강』이라는 책에서 "건전함(건강함)이란 문제에 반응하는 방식이지 문제가 없는 것이 아니다."라고 정의했다. 즉 일상적인 삶에서 매 순간 접하게 되는 상황과 문제들에 대해서 어떠한 태도와 자세를 가지고 해결하고 적응하느냐의 문제가 정신건강의 척도가 된다는 것이다.

정신건강은 적응과 방어의 조화이다. 위기 상황이 발생했을 때 인간은 부모, 친구, 스승, 동료, 기타 관계가 있는 사람에게 도움을 청한다. 즉 어려운 과정에서 인간의 삶에 대한 태도와 적응으로 정신건강을 측정할 수 있다. 예를 들면, 아이가 넘어져서 울고만 있느냐와 울기는 하되 씩씩하게 일어나느냐와 관계가 있다. 사람이 사랑에 실패한 경우에 시를 쓰느냐와 자살을 하느냐이다. 또한, 나는 다른 사람에게 어떠한 인상을 주려고 노력하는가 하는 것이 중요하다.

정신건강은 자아불안상태에서 건강한 방어기제로 대처하고 적응하는 능력에 달려있다. 정신적으로 건강한 사람은 성숙한 방어기제를 사용한다. 성숙한 방어기제는 일과 사랑을 하는데 필요한 것을 의미한다. 성숙한 방어기제는 우정과 관계가 있다. 진정으로 성숙한 사람은 성경에 나오는 말씀처럼 "무엇이든지 남에게 대접을 받고자 하는 대로 너희도 남을 대접하는." (신약성경　마태복음(7장12장)사람이다. 이러한 삶을 실천할 수 있다면 정신이 건강한 좋은 사람이라고 말 할 수 있다.

세계보건기구(WHO)헌장에 의하면, 정신건강은 "일상생활에서 언제나 독립적, 자주적으로 처리해 나갈 수 있고 질병에 대해 저항력이 있으며 원만한 가정생활과 사회생활을 할 수 있는 상태이자 정신적 성숙 상태"라고 정의했다. 미국 정신위생위원회는 "정신건강은 정신적 질병에 걸려 있지 않은 상태, 만족스러운 인간관계를 유지해 나갈 수 있는 능력"으로 정의했다. 이것은 개인적, 사회적 적응력, 어떠한 환경에도 대처해 나갈 수 있는 건전하고(wholesome), 균형 있고(balanced), 통일된(integrated), 성격(personality)의 발달을 의미한다.

이러한 측면에서 정신건강은 행복하고 만족하며 원하는 것을 성취하는 것으로 정신적으로 안녕상태 즉, 병적인 증세가 없어 자기 능력을 최대한 발휘하며 환경에 대한 적응력이 있으며, 자주적이고 건설적으로 자신의 생활을 처리해 나갈 수 있는 상태라고 할 수 있다.

III. 방어기제

Defense
Mechanisms

1. 방어기제

1) 방어기제 개념

방어기제(Defense Mechanisms)는 인간이 살아가면서 갈등(conflict)과 좌절(frustration), 그리고 고통(pain)을 경험하는 가운데 자동적(automatic)으로 표현되는 심리적 과정이다. 방어기제는 무의식적인 언어와 행동을 하는 것으로 자신도 무슨 방어기제를 사용하는지 의식하지 못하면서 사용하게 되는 경우가 대부분이다. 방어기제는 인간의 본능, 양심, 그리고 현실 사이에서 일어나는 필연적인 갈등 속에서 무의식적(자동적)으로 자아가 사용하는 심리적 기제이다. 일반적으로 인간은 자아가 위협을 받거나 공격의 대상이 되거나 열등감을 숨기고 회피하기 위해서 다양한 방어기제를 사용하게 된다.

인간이 대인관계에서 사용하는 방어기제들은 다양하다. 방어기제는 정신적, 심리적으로 건강한 사람이 사용하는 것과 마음의 깊은 상처를 많이 경험한 사람이 사용하는 것 그리고 비교적 지적인 성향이 높은 사람이 사용하는 것과 비교적 감정적인 성향이 높은 사람이 사용하는 것 등 매우 다양하다. 이 세상을 살아가면서 방어기제를 사용하지 않는 사람은 한 사람도 없다. 다만 누가, 언제, 누구에게, 왜, 어떤 방어기제를 사용하느냐 하는 문제가 있을 뿐이다. 즉, 인간은 대부분 자기 나름대로 적절한 방어기제를 사용하면서 살아가고 있다.

프로이트(Sigmund Freud)를 비롯하여 일반적인 학자들은 방어기제의 개념을 부정적인 개념에서 더 많이 사용하고 있다. 즉, 방어기제를 사용하지 않는 사람이 건강한 사람이라는 생각을 가지게 한다. 그러나 인간이 방어기제를 사용하지 않는다면 어떻게 될까? 아마도 심각한 정신적 혼란과 더불어 감정의 갈등으로 인하여 정신병적 방어기제를 사용하는 것보다 훨씬 심각한 상태가 될 것이다. 다시 말해서 인간은 어떠한 형태의 방어기제를 사용할 수 밖에 없는 유기체적 존재라는 것이다. 인간에게 생각과 행동이 존재하는 한 방어기제는 계속해서 의식적으로 또는 무의식적으로 표현될 것이다.

방어기제는 개인이 불안 또는 불쾌한 감정을 완화, 소멸시키기 위해 현실을 왜곡하는 과정이다. 인간은 자존심을 위협하거나 불안을 증가시키는 상황이 발생할 때 자신의 성격적 특성 및 동기가 의식되지 않기 위해서 방어기제를 사용한다. 또한, 방어기제는 자신의 불쾌한 감정을 감추며, 특정한 행동을 회피하기 위해서 다른 적응 행동을 보이려는 것이다. 따라서 방어기제는 인간행동의 적응양식(adjustment pattern)이라고도 볼 수 있다.

방어기제는 어떠한 문제나 스트레스 상황에서 정서중심 대처의 범위에 사용되는 정신기제이다. 방어기제는 사람들이 위협적인 충동이나 외부의 위험에 직접적으로 대응하기보다는 자기 자신의 자아를 보호하기 위해서 무의식적으로 현실을 왜곡하는 과정이다. 이러한 부분들은 주로 무의식적으로 나타나며 억압, 부인, 부정, 투사, 억제, 합리화가 그 예이다.

방어기제의 개념을 통해 부모는 아이가 자신의 지시를 거부하거나, 난폭하게 행동하거나 하는 행동의 깊은 곳에 욕구불만에 기초한 부적응 상태가 존재하고 있음을 알아야 한다. 아이는 그 상태에서 벗어나기 위한 방어기제를 사용하기 때문에 그러한 행동을 할 수 있다는 점을 이해해야 한다. 그러나 부모가 변명, 합리화 등의 방어기제를 그대로 받아들여 강화시켜서는 안 된다.

방어기제는 정신기제(Mental Mechanism)라고도 표현된다. 즉, 정신기제와 방어기제는 인간의 억압된 욕망을 보상(補償)하려는 간접적인 기제이다. 특별히 인간의 잠재의식 층의 의식작용으로서 갈등을 취급하는 여러 가지 방법들이라고 볼 수 있다. 이 방어기제는 개인의 자아의식을 보호하고 높이려는 시도이다. 방어기제는 인간이면 누구나 가지고 있는 것으로 정도의 차이가 있을 뿐이다. 그러나 인간이 자신을 보호하기 위해서 한 가지 특정한 방어기제만을 지속적으로 사용하게 된다면 정신건강에 손상을 초래하게 된다.

방어기제는 그 단어가 주는 의미처럼 소극적인 심리적 기제이다. 따라서 자신에게 당면한 어떠한 문제들에 대해서 적극적이고, 합리적인 방법으로 문제해결을 꾀하는 것이 아니라 일종의 자기 기만적인 문제처리 방법이라고 볼 수 있다. 그러므로 인간이 자신에게 발생한 모든 문제들을 합리적으로 해결하는 것은 불가능하므로 방어기제를 사용하게 되는 것이다. 이러한 점에서 방어기제는 인간에게는 없어서는 안 되는 것으로 어디까지나 적절한 범위 내에서 사용하는 것이 중요하다. 또한, 방어기제가 지나치게 사용되면 신경증적인 증상이 나타난다는 것에 주목해야 한다.

방어기제는 정신분석 중심개념의 하나로, 심리적 불안으로 인하여 인격의 통합성 유지와 평안을 유지하기 곤란한 상태에 직면하였을 때 사용하는 것이다. 이렇게 사용한 방어기제는 자아(ego)의 붕괴를 막아 주며, 무의식중에 여러 가지 형태로 순간적인 노력을 하여 표현된다. 인간의 자아를 위협하는 것은 그 개인을 둘러싸고 있는 냉엄한 현실과 자신의 내부에 있는 이드(Id/ "에스(es)"자아(ego), 초자아(superego)가 있다. 자아는 이러한 외적 현실과 내부의 이드(id)와 초자아 (superego)의 3가지 기능 사이의 갈등으로 인하여 생기는 불안·고통·죄책감 등으로부터 자신을 지키려는 방법 중 하나로 다양한 형태의 방어기제를 사용하는 것이다.

어린아이는 기본적인 욕구가 만족 될 때 정신적으로 안정되는 가운데 성장하게 된다. 그러나 어린아이의 욕구가 만족하지 못하여 욕구불만 상태가 계속되면 마음의 안정을 잃고 불안하게 된다. 따라서 아동은 자신의 심리적 불안한 상태에서 자기를 보호하기 위해 무의식적으로 나타내는 언행을 하게 된다. 이것이 방어기제 또는 적응기제이다. 방어기제를 적응기제라고 표현하여 사용하면 긍정적인 의미를 생각할 수 있게 된다. 그러나 인간이 어떠한 상황에서 적응해 갈 때 어떠한 마음으로 적응을 하느냐 하는 문제가 있다. 특히, 어린아이가 부모의 역기능적인 양육 태도 및 환경에서 생존을 위하여 지속적으로 적응하게 된다면, 어린아이의 자아는 "거짓 자아"가 형성하게 되기 때문이다.

방어기제란 말은 1894년 프로이트(Sigmund Freud)의 논문 "방어의 신경정신학"에서 처음으로 사용되었다. 방어기제는 자아와 외부조건 사이에서 겪게 되는 갈등에 적응하도록 하여 인간의 심리 발달과 정신건강에 도움을 준다는 면에서 효과적이라 할 수 있다. 하지만 갈등 자체를 변화시키는 것이 아니라 자신을 속이고 관점만을 바꾸는 방법을 주로 사용하게 되면 오히려 사회생활에 적응하지 못하게 되는 부정적 역할을 하기도 한다.

프로이트(1984)는 인간의 감정은 생각과 대상으로부터 "위치를 바꾸거나(전환)", "다시 결합(재결합)"할 수 있다고 주장하였다. 그러나 그 당시 제자들이나 사람들에게 지지를 받지 못했다. 그 후 프로이트 글의 편집자인 제임스 스트레이취(James Strachey)와 딸 안나 프로이트(Anna Freud)에게서 그 진가가 나타나게 되었다.

프로이트는 40여 년의 기간 동안 인간을 임상적으로 관찰하면서 방어기제의 가정들의 개념을 발표하였다. 1) 방어는 본능과 감정을 다루는 주요 수단이다. 2) 방어는 무의식적이다. 3) 이들은 서로 분리된 것이다. 4) 방어는 정신의학적 증상증후군이면서 역동적이다. 5) 방어는 병리현상이기도 하지만 적응력이기도 하다. 이 과정 후 10년 동안 프로이트는 유머, 왜곡, 건강염려증, 해리, 전위, 억압, 억제, 공상, 고립 등을 강조하고 기술하였다. 그러나 1905년 이후에는 방어라는 용어가 그의 저술에서 중요하게 다루지 않았다. 프로이트는 1936년에 관심 있는 제자들에게 우리가 사용하는 방어기제들을 알리기 시작했고 자신의 딸인 안나 프로이트가 책을 집필 중이라고 말하기 시작했다. 결국 80회 생일에 역사적으로 중요한 책인 『자아와 방어기제』(*The Ego & the Mechanisms of Defense*)"가 출간되었다.

방어기제라는 말을 처음 사용한 사람은 프로이트였으나 그 이론을 정리하고 정착시킨 사람은 그의 딸 안나 프로이트였다. 프로이트는 논문 『신경정신증의 방어』(*Neuropsychose of Defense*)에서 방어(defense)라는 말을 처음 사용한 후 억제, 증상, 불안(Inhibition, symptoms, and Anxiety)에서 방어기제라는 말을 부활시켜 사용하였다. 프로이트는 신경증을 유도하는 갈등 상황에서 자아가 사용하는 모든 방법에 대한 일반적인 명칭으로 방어기제를 정의하였다.

프로이트의 딸 안나 프로이트는 이를 더 발전시켜 자신의 논문에서 자아와 방어기제(The Ego and the Mechanisms of Defense)로 10가지 자아 방어기제를 제시하면서 각 각의 자아 방어기제와 그 특징들을 제시하였는데, 그녀가 제시한 방어기제는 억압, 반동형성, 퇴행, 격리, 취소, 투사, 투입, 자기에로의 전향, 역전, 승화이다. 프로이트가 말한 방어기제가 "갈등 상황에서 자아가 사용하는 모든 방법"이므로 안나 프로이트가 말한 10가지 방어기제 이외에 후대의 정신분석학자들에 의해 방어기제의 종류는 더 많이 늘어나게 되며 이를 발달 단계별로 분류하기 시작했다.

방어기제는 인간의 본능적인 욕구와 외부적인 현실 사이의 중재이며, 신경증적 대응 방법이라고 볼 수 있다. 방어기제는 유년기에는 생존전략이자 보호막으로 유용하게 사용되며, 성인기에는 무의식적으로 사용되어서 대인관계에 어려움을 겪는다. 또한, 방어기제는 자존심에 위협을 받거나 불안을 느끼는 것을 회피하거나 적응하는 행동이며, 불안이나 불쾌 감정을 완화하거나 소멸하기 위해서 현실을 왜곡하는 과정이라고 할 수 있다.

방어기제는 인간이 일상적인 삶에서 본능과 현실 세계, 그리고 중요한 사람과 양심과 문화에 의해서 내재화된 금지들과의 갈등을 해결하기 위해서 자아가 사용하는 정신 과정이다. 방어기제는 1) 삶에서 위기를 겪는 동안 일어나는 감정을 견딜 수 있도록 하기 위해서 사용된다. 2) 사춘기와 같은 생물학적인 욕구의 갑작스러운 증가를 지연시키거나 방향을 잡아줌으로써 감정의 안정을 회복시키기 위해서 사용된다. 3) 삶 가운데 떠나보내기 힘든 관계, 살아있거나 죽은 사람과의 풀리지 않는 갈등을 다루기 위해서 사용된다. 4) 인생을 살아가면서 양심과의 중요한 갈등을 다루기 위해서 사용된다. 방어기제는 자아가 위협받는 상황에서 자신을 보호하기 위한 수단으로 사람들은 모두 어느 정도의 방어기제를 사용한다.

인간이 사용하고 있는 방어기제가 얼마나 되나? 라는 질문에 조지 E. 베일런트(George E. Veilant)는 "바늘 끝에 얼마나 많은 천사들이 춤을 출 수 있는가를 질문하는 것과 같다." 라고 은유적으로 질문하고 대답했다. 아더 발렌슈타인(Aethur Valenstein)은 44가지를 말하고 있다. 그리고 그는 18가지를

선택했다. 그러나 필자는 본 저서에서 좀 더 구체적으로 48가
지를 선택하여 정리하고 자 한다. 필자는 베일런트(George E.
Veilant)가 방어기제를 구분하여 논 한 것을 중심으로 논하고
자 한다. 또한, 특별히, 기독교인들이 자주 사용하는 방어기제
에 대해서도 언급하고자 한다.

필자는 정신병적 방어기제 7가지, 미성숙한 방어기제 9가
지, 신경증적 방어기제 17가지, 성숙한 방어기제 10가지, 그
리고 기독교적 방어기제 4가지 총 47 가지에 대해서 설명하
고 자 한다. 또한, 폴 마이어(Paul D. Meier) Frank B.
Minirth, Frank B. Wichern의 *Introduction to Psychology
Perspectives and Applications*에서 설명한 방어기제들에
대해서 영어 원문을 각주로 처리했다.

1. **수준**	정신병리적 방어기제	정신병, 꿈 공통적으로 어린 시절에 나타난다.
		부정, 왜곡, 망상적 투사, 합일화, 내사(함입), 축소, 자신에게 향함.
2. **수준**	미성숙한 방어기제	심한 우울증, 성격장애, 청소년 시절에 나타난다.
		정신분열증적 환상, 투사, 건강염려증, 소극적–공격적 행동, 행동화, 퇴행, 공상과 망상, 동일시, 투사적 동일시.
3. **수준**	신경증적 방어기제	모든 사람에게 공통적으로 나타난다.
		이지화(지적화), 고립, 취소, 분리, 거부증, 합리화, 억압, 반동형성, 치환(전위/전치), 해리, 상환, 전환, 반복강화, 저항, 증상의 형성, 통제, 허세.
4. **수준**	성 숙 한 방어기제	건강한 성인에게서 공통으로 나타난다.
		승화, 이타주의, 억제, 예상, 유머, 보상, 대치, 아동을 통한 보상, 색다른 능력개발, 관심사
5. **특수** **상황** **수준**	신 앙 적 방어기제	기독교 신앙을 가지 자들이 막연한 신앙으로 무의식 또는 습관적으로 표현하는 방어기제.
		믿음으로 합시다. 기도합시다. 은혜롭게 합시다. 하나님의 뜻이다.

2. 정신병리적 방어기제

정신병리적 방어기제(Defenses of Psychotic)는 일반적으로 5세 이전의 건강한 어린이와 성인의 꿈과 공상에서 나타난다. 이러한 방어기제를 사용하는 사람은 외부의 현실을 변화시킨다. 이러한 방어기제들을 관찰자 입장에서 보면 미친 사람처럼 보인다. 방어기제는 과도하게 사용하면 문제가 된다. 정신병리적 문제들은 방어기제들이 현실을 왜곡할 때 문제가 생기기 때문이다.

1) 부정(Denial)

부정은 불쾌한 현실적인 상황에서 지각을 거부함으로써 자신을 보호하는 방어기제이다. 이 방어기제는 의식적으로 참을 수 없고 용납할 수 없는 현실을 사실로 받아들이지 않거나 거절하는 것이다. 즉, 어떠한 사실에 대해서 없었던 것으로 하자는 식의 부정이다. 더욱이 자신의 마음속에 어떤 상처가 있을 때 아니라고 부정을 더 하게 된다. 예를 들면, 전쟁에 나간 아들이 전사했을 때 "죽지 않았다." 고 하는 것이다. 또한, 비참한 현실을 보고 아니라고 부정하는 것이다.

부정은 억압과 대칭되는 것으로 억압은 내부적인 것이고 부정은 외부적인 것이다. 즉, 부정은 외부적인 현실에서 마음의 상처를 받았을 때 그 현실에 대해서 부정하는 것이다. 부정은 엄연히 존재하는 위험이나 불쾌한 현실을 부정함으로써 불안을 회피하여 평안을 얻는 방어기제이다. 인간은 어느 시기와 상황에 처했을 때 죽음이라는 현실 앞에서 아니라고 부정하게 된다. 또한, 암이라는 불치병을 진단받게 되었을 때 부정하면서 명랑하게 생활하는 것이다. 억압이 문제에 대해서 생각하는 것을 거부하는 것이라면, 부정은 문제가 존재한다는 것을 인식하고 시인하는 것을 거부하는 것이다.

부정은 원가족의 고통이나 자신의 분노, 성적인 느낌 등 무언가 불편한 것이 존재하는 것을 거부한다. 부정은 중독자들과 성적인 학대를 받은 적이 있는 사람들에게서 두드러지게 나타나는 현상이기도 하다. 부정은 설령 문제가 있다 하더라도 그것을 인식하지 않는 것이 최선이라고 생각하는 것이다.

즉, 문제가 존재하지 않으면 그것을 다룰 필요가 없다고 생각한다. 나일은 이집트에 있는 나일강이 아니다(Denial is not just a river in Egypt).

부정은 갑작스러운 생각·욕구·상실·불안·걱정·고통 등을 부정함으로써 마음의 고통을 일시적으로 감소시키는 것이다. 이 방어기제를 사용하는 사람들은 사건 자체에 대하여 그리고 사건이나 경험과 관련되는 감정에 대하여 부정한다. 예를 들면, 인간이 질병이나 실패, 불행한 사건을 현실로 인정하지 않으려고 하는 것이다. 부정의 기제를 많이 쓰는 사람 중의 하나가 알코올 중독자들이다. 이들은 대개 만취되어 비틀거리면서도 "취하지 않았다." "조금밖에 마시지 않았다." 라고 말한다. 따라서 알코올 중독자가 "나는 알코올 중독자입니다." 라고 공개석상에서 말할 때 비로소 치료가 시작된다.8)

---

8) **Defense** : Thoughts, feelings, wishes, or motives are denied access to consciousness. It is the primary defense mechanism of histrionic personalities, who deny their own sinful thoughts, feelings, wishes, or motives even when they become obvious to those around them. **Example** : A histrionic female behaves seductively but is not consciously aware of doing so because of denial, then becomes angry at the man she is unconsciously seducing for making sexually suggestive responses. Naivete can be a form of denial. (See also Prov. 14:15; 16:2.)

2) 왜곡(Distortion)

왜곡은 내적 욕구에 맞도록 외부 현실을 크게 변경시키는 것이다. 왜곡은 비현실적인 과대망상적인 신념과 환각, 소망, 충족적 망상과 망상적 우월감을 포함한다. 왜곡은 자신의 행동에 대한 개인적인 책임을 완강히 거부하는 것을 포함한다. 왜곡은 때로 다른 사람과의 유쾌한 몰입이나 혼동이 있을 수 있다. 즉, "예수는 내 몸에 살고 있고 나의 기도를 들어 주신다." 는 식으로 내적 왜곡을 하는 것이다. 이 부분은 정상적인 성도들이 영적으로 신앙고백을 하는 것과는 구분된다.

왜곡은 공격적인 느낌에 대한 책임을 다른 곳으로 돌림으로써 불쾌 감정을 유쾌한 감정으로 바꾸는 방어기제이다. 따라서 왜곡은 다른 측면에서 설명하면 적응력이 뛰어나다 이렇게 볼 수도 있다. 다시 말해서 왜곡을 방어기제로 사용하는 사람은 내적인 욕구를 충족시키기 위해 외부 현실을 왜곡시킨다. 예를 들면 환각, 망상, 특히 과대 망상적 신념, 우월감과 연관되는 망상이 여기에 속한다. 왜곡은 종교적 신념에서와 같이 매우 적응적일 수도 있다.9)

---

9) **Defense** : Individuals grossly reshape external reality to suit their

3) 망상적 투사(Delusional Projection)

망상적 투사는 다른 사람에게서 자신의 감정을 지각하고 그 지각에 따라 행동하는 것으로 이를 유동적 · 편집증적 망상이라고도 한다. 망상적 투사는 다른 사람의 감정을 문자 그대로 자신의 내부에 지각하는 것으로 교란된 우울증 환자들은 "악마가 내 심장을 갉아 먹는다." 라는 식의 말을 하기도 한다. 망상적 투사는 외부 현실에 망상을 포함한다. 이 망상은 보통 피해망상이다.

망상적 투사에 대한 정신의학적 정의는 활용 가능한 정보와 일치하지 않는 것, 주체의 사회단체가 가지고 있는 신념들과 일치하지 않는 것, 그리고 확고하게 고정되고 수정되지 않는 허위 신념을 의미하고 있다. 다시 말하면, 사실적인 논리에

---

own inner needs, frequently including grandiose delusions, wish-fulfilling delusions, and hallucination (for example, voices from "God" or "demons").

Example : An extremely insecure individual who is flunking out of medical school uses distortion to protect himself from the pain of reality. He convinces himself that he will soon be asked to become president of the medical school because of his tremendous insights, and he hears God's voice several times per hour reassuring him of his delusions.

의해 수정될 수 없는 사고이다.

망상은 편집증, 정신분열증, 섬망증, 기질적 뇌손상증후군의 주된 적응기제이다. 편집증은 어떤 상황을 자기 임의대로 끼워 맞추는 것 또는 상상하는 것이다. 섬망증은 착각, 환각, 정신흥분을 수반하는 의식장애로서 술 중독, 심한 스트레스에서 발생한다. 섬망증은 열, 땀, 혼돈, 방향감각 상실, 불안, 초조, 환각, 발작, 심한 경우 사망까지 연결될 수 있다.

망상적 투사자들은 자신의 느낌을 매우 두려워하고 그에 대한 공포를 가지고 있다. 그 느낌은 분노와 갈등이다. 또한, 이들은 자신의 환경 안에서 다른 사람에게 자신의 느낌을 투사하기도 한다. 따라서 망상적 투사자들은 다른 사람들에게 자기 자신을 분노와 갈등의 소유자로 각인시킨다. 또한, 자신의 분노와 갈등을 다른 사람에게 사용하여 도모하는 것으로 자신을 인식시킨다.10)

---

10) **Defense** : An individual who is so afraid of his own feelings, perhaps anger or lust, projects (like a slide projector on a screen) his feelings onto other persons in his environment, thus convincing himself that others are the possessors of those feelings and are plotting to use those feelings against him.
Example : King Saul, unaware of the extent of his own extreme feelings of jealousy and hostility toward David when David became

4) 합일화(Incorporation)

합일화는 원시적인 형태의 정신병적 동일시로서 "자기" 와 "자기가 아닌 것"을 분별하지 못하는 것이다. 즉, 이 방어기제는 영아기에 자연스럽게 일어나는 동일시이다. 합일화는 외계에 있는 대상을 상징적인 것으로 받아들여 동화시키는 것으로 자아의 형태를 변형 없이 그대로 자기 자아의 구조 속으로 받아들이는 원시적 동일시이다. 즉, 갓난아이는 어머니가 웃으면 자기가 웃는 줄 알고 또한 자기를 좋아하는 줄 아는 것이다.11)

---

popular with the Israelites, developed the delusion that David was plotting to kill him. He projected his own wishes to murder David onto David (1 Sam. 18-31).

11) **Defense** : Symbolic representations of a person or part of a person are figuratively.
Example : A young boy feels inferior to his father because his father has larger, stronger legs. The boy represses these unacceptable thoughts and feelings. Whenever his family eats fried chicken for dinner, he always wants the drumsticks. Part of his unconscious motivation is to eat chicken legs to make his own legs larger and stronger like his father's. Consciously, he thinks it is only because he likes the taste of dark meat.

5) 내사/함입 (Introjection)

내사는 유아가 이제는 "자기" 와 "자기가 아닌 것" 정도는 구별할 수 있는 시기에 일어나는 동일시이다. 어떤 대상을 그럴 것이라고 자기 나름대로 상상하는 대상으로서 자신의 자아 속에 합일화시키는 것이다. 내사는 투사와 대칭을 이루는 정신 세계로서 타자의 부분들을 자신 안에 받아들이는 것이다. 내사는 자신 안에서 개념들이나 생명 없는 정보 또는 생생하지 않은 먼 기억들을 끊임없이 반응하는 존재로서 받아들이는 것이다. 예를 들면, 홀로된 여인이 남편이 현실에 있는 것처럼 살아가는 것이다. 또한, 어린 시절에는 부모의 초자아를 흡수하는 과정이다. 내사는 자신의 특징이나 정신적 과정을 생명이 없는 대상에 투사(projection)하는 것을 말한다.

내사는 함입으로도 설명되어 진다. 함입은 외부의 대상을 상징적으로 자신의 내부로 받아들여 자신의 한 부분으로 동화하는 과정이다. 프로이트는 우울증에 대한 가설을 이 함입의 기전으로 설명하기도 한다. 환자가 분노를 느끼는 대상이 분노를 표현할 수 없는 대상일 때 그 대상을 상징적으로 자신의 내부에 함입시켜 내부의 함입물에 분노를 집중시키게 된다.

그 결과 환자는 자기를 비하하게 되고 결국 우울해진다는 것이다.12)

6) 축소(Minimization)

축소는 어떤 행동의 심각성을 축소하려는 것으로 중독환자에게서 볼 수 있다. 축소는 부분적인 부인이다. 즉, 과장하기 또는 축소하기(magnification or minimization)는 사물을 부풀리거나 그 중요성을 축소시킨다. 예를 들면, "내가 말실수를 했나 봐, 그렇게 말하는 게 아닌데, 어쩌지. 이제 내가 한

---

12) **Defense** : Individuals "introject" or symbolically "throw within themselves" or redirect toward themselves the feelings they have toward another person, or the feelings of another person. Introjection, the opposite of projection, has several dimensions. Young children use introjection to incorporate parental feelings and attitudes into their own egos as part of identification. Compulsive individuals may feel very angry at another person unconsciously, but to avoid guilt feelings may introject the anger toward themselves instead. This usually initiates physiological processes in their bodies that will eventually result in the physiological concomitants of depression.
Example : A pastoral counselor may introject the depression of a counselee into himself, thus magically thinking that by taking on such suffering he will somehow relieve his counselee. In reality both counselee and counselor leave the session feeling painfully sad.

말이 퍼지고 퍼져 소문이 나면 내가 이제껏 받아 왔던 평가는
말짱 꽝이야," "평범하다는 평가를 받는 것은 내가 부적절하
고 무능력하다는 것을 의미하는 거야," "높은 평가를 받는다
고 해서 내가 똑똑하다는 것을 의미하지는 않아," 식의 표현
으로 방어하는 것이다.

7) 자신에게 향함(Turning against the self)

자신에게 향함은 자기가 사랑하는 사람에게 공격적인 충
동이 생길 때, 이를 자신에게 돌려 자신을 해치는 것이다. 즉,
공격대상을 내면화하고 이를 처벌하는 것이다. 예를 들면, 사
랑하는 사람의 잘못이 다 자신 때문에 일어났다고 하면서 자
신을 처벌하려는 마음이다. 또한, 엄마에게 야단맞은 어린이
가 화가 나서 머리를 벽에 부딪치는(자해) 것이다.

3. 미성숙한 방어기제

미성숙한 방어기제(Defenses of Immature)는 일반적으로는 3세에서 15세의 건강한 사람들과 성격장애로 정신치료를 받는 성인에게서 나타난다. 이 방어기제들을 사용하는 사람들은 대인관계의 친밀성에 위협을 받거나 이로 인한 손실을 경험함으로써 발생되는 고통에 대해 변화를 줄 수 있다. 그러나 관찰자 측면에서는 이 방어기제를 사용하는 사람들은 사회적으로 바람직하지 못하게 보인다.

1) 정신분열증적 환상(Schizoid Fantasy)

정신분열증(schizophrenia)은 성격 기능의 여러 국면 중 특히 정서와 행동 간에 조화를 잃거나 분리되어 있는 기능적 정신질환이며 증상으로는 자폐증(autism), 환각(hallucination), 망상(delusion)이 나타난다. 따라서 정신분열증적 환상은 갈등

해결과 만족을 위하여 환상을 사용하고 자폐증적인 은둔에 빠지는 경향이 있다. 그렇다고 해서 자신의 환상을 완전히 믿지 않으며 행동화하지는 않는다. 이 방어기제를 사용하는 사람은 다른 사람과의 친밀성을 회피하고 거부한다. 정신분열증적 환상은 대인관계의 욕구를 만족시키기 위해서, 또한 다른 사람에 대한 공격성이나 성적 충동을 겉으로 표현하지 못해서 사용한다. 이 증상은 해리와 달리 환상(백일몽)은 내부세계가 아니라 외부세계를 재구성하는 것이다.13)

2) 투사(Projection)

투사(投射 ; projection)는 자기가 타인에 대하여 가지고 있는 받아들이기 어려운 생각이나 감정을 타인에게 돌려서 타인이 그와 같은 생각이나 감정을 가지고 있다고 간주하는 것

---

13) **Defense** : Individuals who find reality painful escape the pain of reality through excessive daydreaming.
Example : A girl who is very shy and fearful of intimacy spends much time in schizoid fantasy about the perfect romance, but refuses to data the boys who ask her out because they do not measure up to the perfect man of her dreams. She may develop anger toward God for not providing her with a mate, when in reality she is unconsciously rejecting all men.

이다. 즉, 투사는 자기 내부에 있는 타인에 대한 증오감이 무의식중에 타인에게 돌려져 그가 자기를 증오하고 있다고 생각하는 경우이다. 투사는 자신의 문제를 누군가에게 떠넘긴다. 또한, 투사는 자신의 문제에 대해서 다른 누군가를 탓하고 비난하는 것이다.

투사는 받아들일 수 없는 욕구, 충동, 태도, 행동을 무의식적으로 타인이나 환경 탓으로 돌리는 과정이다. 자기의 결점을 어떤 사람이나 사물을 통해 비난하기도 한다. 또한, 투사는 우연적이고 비합리적이며 상징적인 원인을 꼬투리 잡아서 비난하는 것으로 다른 것에 실패의 원인을 다른 사람이나 사물에 돌리는 것이다. 즉, 골프공을 잘못 치고 골프채를 탓하는 것이다. 자신이 성적 욕망이 있다는 것을 모르고 데이트하는 모든 사람이 자신을 유혹한다는 생각을 한다. 시험 준비를 제대로 못해서 시험 점수를 잘못 받으면 "교수가 핵심적인 강의를 못했다. 다른 아이는 커닝했다. 시험문제가 잘못됐다."라는 식으로 불평을 하는 것이다.

투사는 자신이 용납할 수 없는 욕구나 소망이 마치 다른 사람의 특성인 것처럼 생각하여 그 사람에게 탓을 돌리는 것이다. 투사는 망상적 사고의 기본이 되는 방어기제이다. 이는 사람들이 자신의 특질을 과도하게 다른 사람에게 전가시킴으로써 자신의 바람직하지 않은 특질을 자각하지 않으려는 방어기제로 자신이 받아들일 수 없는 욕구를 다른 사람에게로 방향을 돌리는 방어기제이다. 투사는 인간의 감정적인 반응을 그것이 다른 사람에게서 온 것인 양, 다른 사람들에게 전가하는 정신과정이다. 이때 인간의 주관적인 감정은 다른 사람들에게 속한 속성으로 간주 되어 객관적인 세계 안에서 살게 된다.

투사는 자신의 주된 인격을 자제하고 방어하여 다른 것에서 표출한다. 투사는 심한 편견, 근거 없는 의심으로 친밀감을 거부한다. 투사는 불안이나 스트레스를 일으키는 자신의 감정이나 사고를 타인에게 전가한다. 또한, 투사는 외부 위험에 대한 지나친 경계와 다른 사람들의 정의롭지 못한 행동을 수집한다. 따라서 투사를 사용하는 사람의 행동은 기괴하고 심술궂은 것이지만 법률 내에서 행동한다.

투사는 인정하고 싶지 않은 개인감정이나 소망, 태도, 성격 특징이 자신에게 속한 것이 아닌, 다른 사람에게 속한 것이라고 지각하는 것이다. 그래서 이 기제를 사용하는 사람들은 자신의 잘못을 다른 사람에게 전가하거나 다른 사람을 통해서 자신의 결함이나 결점을 본다. 또한, 자신의 불만족을 다른 사람을 통해서 만족시키기기도 한다. 예를 들어 이들은 실제로는 자신 안에 어떤 사람에 대한 미움의 감정이 있을 때 그 사람이 자신을 미워하기 때문에 그를 미워할 수밖에 없다고 정당화하는 것이다. 이러한 투사 기제를 아주 심하게 사용하는 경우, 다른 사람의 무의식에 지나치게 민감하게 되고, 편견, 부당한 의심이나 경계, 오해 그리고 남에게로의 책임 전가, 현실을 왜곡시키는 현상이 나타나게 된다. 이것은 정신증적 상태나 망상증후군에서 발견되며, 또한 정상적인 상태에서도 널리 사용되는 기제이다. 일반적으로 투사는 자신이 싫어하는 부분을 떼어 내어 다른 사람에게 이전한다. 예를 들면, 며느리가 나를 독살하려 한다는 시어머니, 이는 며느리를 독살하고 싶다는 마음을 투사하는 것이다.14)

---

14) **Defense** : The same as delusional projection but not of such psychotic proportions. Primary projection, used by nearly all persons, is the primary defense mechanism of paranoid personalities.
Example : A person has strong cravings for attention but is unaware of them because such awareness would hurt his false pride. Being around other attention-seeking persons arouses his anxiety (fear of finding out the truth) level, so he self-righteously condemns the "mote" in his brother's eye instead of the "log" in his own (Matt. 7:1-5). See also Romans 2:1-3 and James 1:13-17.

3) 건강염려증(Hypochondriasis)

건강염려증은 타인의 관심을 얻기 위한 수단으로 사용된다. 사람들은 이 기제를 사용함으로써 다른 이들에게 자신에게 주의를 기울여 달라고 호소한다. 건강염려증은 사별, 외로움 혹은 수용할 수 없는 공격적인 충동에서 비롯된다. 건강염려증은 다른 사람에 대한 비난이 처음에는 자신을 비난하는 것으로 그리고 후에는 통증에 대한 호소, 그리고 신체적인 발병, 즉 신경쇠약의 형태로 발전된다. 이 방어기제는 서로 상반되는 감정을 가진 것으로 여겨지는 사람의 특성을 자신의 내부에서 지각하고 그럴듯한 질병을 자초하게 된다.

건강염려증자들은 대인관계의 갈등이나 느낌이 신체의 어느 부분으로 전위된다. 이들은 은연중에 다른 사람을 비난하고 처벌한다. 건강염려증은 자신의 신체 내부에 있는 타인을 향한 비난을 억제하고, 사실상 남몰래 속을 썩임으로써 건강염려증 환자의 양심을 달래준다. 대부분의 방어기제와는 달리 건강염려증 환자는 감정을 과장한다. 건강염려증은 분노, 충족되지 않은 의존 욕구, 죄의식 등에서 생기는 고통을 완화시킬 수 있을 뿐 아니라 성적 갈등을 관리하기 위해서도 사용될 수 있다. 예를 들어 자식을 통제하기 위해 늘 머리가 아픈 어머니(이런 어머니는 "내가 이렇게 아픈 것은 다 너희들 때문이야")라고 무의식적으로 말하고 있는 것이다.

건강염려증은 신체적인 증상이나 감각을 비현실적으로 부정확하게 인식하여, 자신이 심한 병에 걸렸다는 집착과 공포를 가지는 것을 말한다. 사회생활이나 직장생활에 지장이 없고, 신체 질환이 없다는 확진을 받아도 이를 믿으려 하지 않고, 여러 병원이나 의사를 찾아다니면서(doctor shopping) 적절한 치료를 받지 못했다고 전전긍긍하게 된다. 환자는 특정한 질병에 걸렸다고 주장하면서 자기 나름대로 의학적인 용어를 사용하며 질병에 대한 타당성을 설명한다. 병든 장기를 중심으로 상상되는 한 많은 여러 가지 증세를 호소한다. 예를 들면, 기관지암에 걸렸다고 주장하면서 옆구리의 통증이 이곳 저 곳으로 뻗치고, 기침이 잦으며, 목에 뭔가 걸린 것 같다고 호소하고 진땀을 흘린다거나, 가슴이 뛰고, 어지럽다는 식으로 증상을 호소한다. 의사가 아무리 설명하고 설득하려고 해도 납득시키기가 쉽지 않다.

역 학 : 사춘기에 호발하며, 20-30대에 많고, 남녀 모두에게 같은 빈도로 나타난다. 보통 내과나 가정의학과에 찾아

가는 경우가 많다.

원 인 : 환자들은 대체로 감각을 고통으로 감지하는 역치나 참을성이 낮다. 신체감각에 과도하게 예민한 경향이 있고 보통사람들은 다소 불편하게 느끼는 것도 환자는 심한 통증으로 느낀다. 정신역동적으로는 공격성 또는 증오가 신체적인 증상으로 나타난 것으로 본다. 과거에 상실, 배척, 실망을 경험한 경우가 많다. 죄책감도 심하고 자기 비하도 심하다.

경과 및 예후 : 회복되었다가 재발하는 등 삽화적이다. 한 번의 삽화는 수개월 내지 수년간 지속된다. 스트레스 요인과 관련되어 흔히 나타난다. 좋은 예후를 보이는 경우로는 사회 경제적인 수준이 높을 때, 치료 효과가 있는 우울 불안이 있을 때, 갑작스러운 발병, 인격장애가 없을 때, 다른 신체 질환이 없을 경우이다. 대인관계의 장애, 능률의 저하, 이차적인 기질적 질환이 합병되기도 한다.

치 료 : 약물 치료 및 적절한 정신치료를 겸하면서 확신과 재교육적 지지 치료를 시도할 수 있다. 스트레스를 줄일 수 있도록 하며, 만성 경과에 대응하는 기술을 교육한다. 같이 동반되는 우울이나 불안 등은 치료에 효과적일 수 있다. 확실한 근거 없이 진단이나 치료를 시도하는 것에 신중해야 한다.15)

4) 소극적－공격적 행동(Passive－Aggressive Behavior)

소극적－공격적 행동의 방어기제는 다른 사람에 대한 공격성을 소극적으로 하고 자신에게 향하게 함으로써 간접적으로 비효과적인 표현을 하는 것이다. 예를 들면, 외도하는 남편에게 내가 못나서 그렇다라고 표현하는 것이다. 이 행동은 실패, 태만 혹은 자신보다 다른 사람에게 영향을 주는 질병이다. 이 방어기제는 관심을 끌기 위한 행동으로 어리석은 행동, 돌발

---

15) **Defense** : Individuals convince themselves that they are physically ill when they really aren't or else exaggerate in their own minds the severity of an illness they actually do have.
Hypochondriasis is more general than the specific defense mechanisms of somatization and hysterical conversion reaction.
Example : A man in his forties who is lazy but nevertheless working to support his family develops a legitimate lower－back problem. He is laid up for six weeks, during which time he is pampered, doesn't have to do anything responsible, and enjoys watching television all day. Because of all that "secondary gain," he unconsciously convinces himself that his back is still in terrible condition even after it has healed completely. His wife goes to work to support the family, and he is able to avoid responsibility without feeling consciously guilty and without the criticism of his wife, who believes he is still physically ill. Eventually his unconscious guilt (or boredom) gets to him, he goes to a "faith healing" service, and is miraculously healed. He has not consciously deceived anyone during the entire course of events.

적인 행동을 한다. 또한, 경쟁적인 행동을 피하기 위해 우스꽝
스러운 행동을 한다.16)

5) 행동화(Acting Out)

행동화는 신체적인 행동을 사용하거나, 비행 혹은 충동적
행동을 하는 것이다. 또한, 자신의 감정을 자각하는 것을 피하
기 위해서 성질을 부린다. 행동화는 긴장(불안, 우울)을 완화
하기 위해 약물사용, 태만, 타락, 자해적인 행위를 한다.17)

---

16) **Defense** : Passive, dependent individuals who have repressed
hostility toward an individual or institution on which they are
dependent get unconscious revenge on that authority figure in
nonverbal ways, such as pouting, procrastination, stubbornness,
inefficiency, or obstructionism.
Example : An alcoholic male represses his hostility toward a
domineering, mothering, compulsive wife. He dares not express
anger toward her or even be aware of it, so he gets even with her
by coming home late from work, putting off daily chores, and
eventually dying of liver disease. A more subtle example would be a
passive-aggressive pastor who represses his anger toward the
church leadership for two or three years but accumulates
unconscious grudges to-ward them. He gets even with them
surprisingly one day when he splits the entire church over a
noncrucial issue. Many Scripture passages, such as Romans
2:5-6, deal with stubbornness and other passive-aggressive
behaviors and attitudes.

6) 퇴행(Regression)

퇴행은 개인이 직면하고 있는 갈등이나 좌절을 현재의 연령 수준에 알맞은 방식으로 해결하기보다는 나이 어린 시기에 의존하였던 방식으로 되돌아가서 적응 행동을 하는 것이다. 즉, 퇴행은 불안을 느끼거나 욕구불만 등 어려움이 있을 때, 인생의 초기 단계에서 사용하여 만족을 얻었던 방식으로 이를

---

17) **Defense** : An individual who is unaware of his unacceptable urges (such as craving the affection of a frequently absent parent of the apposite sex) acts out these urges through such behaviors as sexual promiscuity or compulsive stealing.
Example : A teenage girl feels totally ignored by her traveling −salesman father. She re−presses her craving for his love and approval, then finds herself being sexually promiscuous with boys who un−consciously remind her (in appearance or personality) of her father. She also compulsively steals things from males (uncles, male teachers) without knowing why. In reality the compulsive stealing is an unconscious, symbolic way to steal the love of her father which she misses. Thus the acting out of unmet cravings is a common defense mechanism, especially in teenagers and in adults who become involved in sexual promiscuity and compulsive stealing. Subtle teen−age rebellion can also be an acting out of repressed anger toward parents if the teenager is unaware of his/her motives for breaking those rules, but the term acting out is usually used in the context of sexual sins or stealing. It is closely related to the defense mechanism called sexualization.

해소하려는 것을 말한다. 예를 들면, 동생을 본 아동이 갑자기 잘 가리던 대소변을 가리지 못하고 이불에 싸거나 아기처럼 어리광을 부리는 것 등이다. 이는 동생에게 빼앗긴 부모의 사랑과 관심을 어린아이처럼 행동함으로써 되찾으려는 행동이라고 할 수 있다.

퇴행은 삶 가운데 자신이 감당하기에 힘든 상황에서 정서적으로 성장 초기 단계로 돌아가는 것을 의미한다. 즉, 현실적인 자기 문제를 해결할 수 없고 직면이 안 될 때 유아적인 행동을 하는 것이다. 그래서 때로는 유아기적 반응을 하지 않지만 과거를 아주 좋았던 황금기처럼 말하기도 한다. 퇴행을 하는 사람에게는 현재 모든 것이 잘못된 것이 된다. 즉, 현재 당면한 문제의 현실을 받아들이기 어렵다.

퇴행은 불안으로부터 자신을 방어하기 위해서 과거의 좋았던 단계로 후퇴하여 불안을 완화시키려는 방어기제이다. 퇴행은 일시적인 불안을 감소시키는 효과는 있으나 근본적인 원인을 해결하지 못한다. 이런 사람은 내성적이며 자신감이 부족하다. 즉, 사고 자체가 자신 안에 돌려져 있어서 새로운 친구나 새로운 상황에 적응하기가 어렵다. 퇴행의 행동으로는 화를 내거나, 입을 내밀거나, 말을 안 하는 것, 무모하게 빨리 운전하는 것, 물건을 파괴하는 것, 권위에 도전하는 것, 어린아이처럼 행동하는 것 등이 있다. 또한, 퇴행은 억압된 것을 표현하는 것을 회피한다.18)

7) 공상과 망상(Fantasy & Daydreaming)/ 백일몽

공상과 망상의 방어기제는 현실에 직면을 피하고 과거나 미래 속에서 살아가는 것이다. 만일 이랬더라면(If Only), 만일 이렇게 된다면(What if) 이라고 하는 상상의 세계를 펼치게 된다. 공상은 종종 부정(인)과 연결된다. 백일몽은 소망을 달성시키고자 하는 생산적인 기제이다. 이 방어기제는 실제생활에서의 어려움으로부터 성공하기 위한 모든 장애를 무시하

---

18) **Defense** : Unacceptable ideas, feelings, impulses, or motives are banished from conscious awareness; or unconscious ideas, feelings, impulses, or motives are prevented from coming into conscious awareness. All persons use repression, the most general defense mechanism. Repression is the primary defense mechanism on which all other defense mechanisms are based.
Example : A Christian dying of cancer continually represses personal anger toward God for allowing the cancer to develop. Because the patient is repressing his true feelings he may feel insulted when a close friend asks him if his anger has caused him to lose interest in having personal devotions.

거나 효과적으로 극복할 수 있는 영역 안으로 도피하는 방어기제이다. 또한, 이 방어기제는 일반적인 사람들이 사용하는 것으로 정서적, 정신적 완화 작용이라고도 말할 수 있다.

백일몽은 본질적으로 즐겁고 편안함을 준다. 예를 들면, 동료집단에 인기가 없는 아이가 군중 속에 자신이 존경받거나 찬양을 받는 인기인으로 생각하는 동안에는 즐거움과 편안함을 느낀다. 백일몽을 잘하면 자신감을 주고 안정을 줄 수 있으며 자신의 성공을 신뢰할 수 도 있다. 백일몽이 잘못되면 자신을 불쌍하게 보는 사람들을 상상함으로써 자신을 비참하게 만든다. 즉, 피학증(masochism), 물품 음란증(fetishism) 요소들이 있다. 예를 들면, 학대받는 아이는 자신이 심한 질병이나 죽음으로 부모가 비탄에 잠겨 있을 것이라고 상상한다.

8) 동일시(Identification)

동일시는 남근기에 있는 아동이 자신과 유사한 사람의 특성이나 성공한 사람을 자신에게 있는 것처럼 여기는 과정을 말한다. 따라서 동일시는 어떤 사람과 자신을 같게 생각하는 심리적 현상으로 동일시를 통해서 자신의 불안을 없애고 갈등을 감소시킨다. 즉, 동일시는 어떤 사람, 집단, 조직의 제도와 강한 정서적 결합을 가지려는 것이다. 이 과정에 만족을 가지려는 것이다.

아동은 부모와 동일시하고 또한, 가족의 뛰어난 사람과 자신을 동일시하기도 한다. 동일시는 아동기 발달 과정에서는 자아와 초자아에 영향을 줌으로써 인격 발달에도 영향을 준다. 좋은 영향을 주고 있는 동일시를 계속하게 하려면 강화를 해야 한다. 반면에 병적 동일시는 부모로부터 부정적 경험을 하게 되면 일어난다.

동일시에는 "가상적 성격"이라는 것이 있는데 이는 자신에게 중요한 인물에 대해서 병적으로 동일시한 결과로 형성된다. 동일시는 강력한 감정의 애착을 형성한다. 이 방어기제는 문제로부터 벗어나기 위해 강력한 인물에게 집착함으로써 그 사람과 동일시한다.

동일화 및 동일시(identification)는 외계의 대상(타인)과 자기를 동일한 것으로 간주하는 경우와 대상에 속하는 여러 성질이나 태도를 자기 안에 받아들여 동일하게 보는 것이다. 예컨대 아이가 부모를 닮는 것은 부모의 특징을 자기 안에 받아들이기 때문이다. 동일시는 아동이 좋아하고 존경하는 사람과 똑같다고 생각함으로써 만족을 얻는 것이다. 부모, 교사, 운동선수 등이 동일시 대상이 될 수 있다. 동일시 대상을 다른 사람이 비판하면 자기가 비판을 받는 것처럼 생각해서 화를 내는 것이 한 예이다.

동일시는 존경하는 대상의 힘을 내면화하기 위해 그 대상의 특징, 행동, 가치관을 모방한다. 동일시는 대상과의 이별 상황에서 대상을 내면화함으로써 이별의 현실을 방어한다. 공격자와의 동일시를 통하여 공격적 정서가 자신의 통제하에 있도록 함으로써 두려움을 방어할 수 있게 된다. 예를 들면, 파출소에서 "내가 누군지 알아," 유명한 사람을 한번 만나 기념사진을 찍고 나서 "내가 그 사람 잘 알지" 하면서 동류임을 공감하거나 자기 자신과 권위자를 동일시한다.19)

---

19) **Defense** : Unhealthy Identification=Individuals model their values, attitudes, and behavior after another person with-out even knowing that they are doing so.
Example : A child watching a violent "hero" on tele-vision, a teenager watching seductive behavior in movies, or an adult observing underhanded business methods of an employer are good illustrations of this defense mechanism. Individuals can also "identify" with group values and attitudes, as in cults.

9) 투사적 동일시 (Projective Identification)

투사적 동일시는 무의식 속에 있는 자신의 어떤 특성을 다른 사람에게 투사하면서 그것과 동일시하는 과정을 말한다. 자신 속에 있는 충동과 공격적인 충동을 상대에게 투사하는 것이다. 즉, 무의식적인 투사가 된 대상과 공감을 가지고, 자신의 표상처럼 행동한다. 또한, 투사적 동일시를 사용하는 자는 무의식적으로 자신이 투사한 상대를 계속 조정하려고 한다. 그리고 자신이 투사한 대상과 계속해서 아주 가까운 대인 관계를 유지하게 된다. 이 투사는 전이 단계를 거쳐서 투사된 대상에게 변형적인 투사를 돌려주기도 한다. 이것은 재함입이 된다.

4. 신경증적 방어기제

신경증적 방어기제(Defenses of Neurotic)는 일반적으로
는 3세에서 90세에 이르는 건강한 사람들과 신경증적 장애와
심한 스트레스를 겪고 있는 성인들에게서 나타난다. 이 방어기
제들을 사용하는 사람들은 사적인 감정이나 본능적 표현에 변
경을 주고 있다. 그러나 관찰자 측면에서는 이 방어기제를 사
용하는 사람들은 기이한 행동을 일삼는 사람이나 신경증적 콤
플렉스를 가진 사람들로 보여진다.

1) 이지화, 지적화(Intellectualization)

이지화를 사용하는 사람은 대인관계의 친밀성에 대한 두
려움을 피하기 위해 생명이 없는 것에 지나치게 주의를 돌린
다. 이들은 어떤 것에 있어서 전체를 지각하기 위하여 부적절
한 세부사항에 지나친 관심을 갖는다. 이지화는 말의 위협으

로부터 도피하는 것으로 긴 말이나 과장된 말을 사용하려는 경향이 높다. 이지화는 특별히 이성적인 사람이 사용한다. 즉 전문 직업에 있는 사람들은 전문용어를 사용하여 일반인들의 주의를 끌면서 사회적 상황의 부적절한 느낌으로부터 도피하는 것이다. 또한, 이지화는 정서적으로 위협이 되는 상황에 대해서 추상적이고 지적인 용어를 사용함으로써 초연하게 보이려는 시도이다.20)

---

20) **Defense** : Individuals avoid becoming aware of their severe inferiority feelings and other unconscious conflicts by the excessive use of intellectual vocabulary, discussions, and philosophies. This is a very common defense. It is used excessively by emotionally unstable border-line schizophrenics who relate to others only on an intellectual basis to stay in touch with reality. Becoming aware of their repressed emotions too rapidly would result in a schizophrenic break. Psychiatrists strip away this defense mechanism carefully and slowly as they build up borderline individuals in other ways.
Example : A boy grows up in a very critical, cold, upper-class family. Because of their unconscious inferiority feelings, his parents regard with disdain anyone whose likes and dislikes are not up to their "cultural" level. The boy gets A's and B'S throughout his school years but this is not good enough to satisfy his parents. His inferiority feelings worsen and he comes close to a schizophrenic break with reality. In college he be-comes a philosophy major, uses lots of long, rarely used words, talks only about philosophical issues (never about his own feelings) and looks down on people who are less intellectual than himself.

2) 고립 (Isolation)

고립은 지적화와 백일몽과 밀접한 관련이 있는 것으로 후퇴적 반응이다. 고립은 긴장과 불안을 주는 상황으로부터 신체적으로 자기 자신을 철거시키려는 사고이다. 즉 어떤 상황으로부터 벗어나서 생각하는 사고로, 자신을 정신적으로 고립시키는 것이다. 이것은 친밀하지 못한 인간관계에서 오는 사회적 공허감 또는 허망감이다. 고립은 때로는 정신건강을 유지하는데 도움을 준다. 그러나 과다한 고립은 백일몽과 연결되어 심한 경우는 정신분열병의 한 형태로도 발전될 수 있다.21)

---

21) **Defense** : Various unacceptable emotions (jealousy, greed, or lust) are split off from conscious thoughts and isolated from conscious awareness.
Example : This mechanism is commonly used by compulsive individuals whose con—sciences are so strict that they mistakenly think all anger is sin (in contradiction to Eph. 4:26), so they isolate their anger to relieve their own false guilt. In reality they are sinning by deceiving themselves, not by experiencing the negative emotion of anger. God would have preferred for them to be aware of their anger so they could deal with the problem maturely and forgive the other person "by sundown." (See Eph. 4:26 and Lev. 19:17—18.)

3) 취소(Undoing)

취소는 무의식에서 어떤 대상을 향해 품고 있는 자기의 성적인 욕구와 적대적인 욕구로 인해 그 상대가 피해를 입었다고 상상하며 그 피해를 취소하거나 원상복귀 또는 불인정하는 것이다. 취소는 이러한 잘못된 욕구를 용납할 수 없거나 죄책감을 일으키는 행동, 사고, 감정을 상징적인 방법을 통해 취소하는 것이다. 예를 들어 자신의 비서에게 성적으로 끌리는 남자가 부인에게 줄 비싼 선물을 사는 경우가 이에 해당한다.22)

---

22) **Defense** : Individuals carry out unconscious acts or verbal communications to negate a previous mistake, as though the mistake never occurred.
Example : On a date a young woman's declaration of love is warm but later she convinces herself that she was only joking and treats her date politely but coldly. An-other example would be a Christian criticizing a fellow Christian, then feeling unconscious guilt the next day and going out of his way to compliment the person he criticized without remember-ing that he had been critical or knowing why he is being so complimentary. Undoing is not to be confused with its healthy counterpart, which is purposeful-a conscious restitution or apology for wrongs that have been done.

4) 분리(Detachment)

분리는 고통스러운 불안을 일으키는 느낌을 막아내기 위해서 그 감정을 경험하지 않으면서 사실을 말할 수 있는 것이다. 즉, 냉정한 태도를 취하면서 외상적 사건을 기억하며 말한다. 예를 들면, 남편으로부터 심한 구타를 당한 것을 말하면서 그 당시에 겪었던 분노와 공포의 감정은 못 느끼게 되는 경우이다.

5) 거부증(Negativism)

거부증은 주위를 끌기 위한 수단으로 관심사와 중복되는 면이 있다. 이는 먹는 것, 말하는 것, 협조, 명령, 복종 등에 대한 거부로 어떤 요구에 대해서 정반대로 행동하여 자신을 나타내는 것이다. 이 거부증을 적당히 사용하게 되면 정상적인 적응이 된다. 그러나 심하면 극단적인 행동을 함으로써 그 무엇인가를 좌절시킨다. 예를 들면, 시험 문제가 어려우면 아는 것만을 쓰면 되는데 분노하면서 백지를 내는 경우이다. 실제로는 좋은 성적을 받기를 원하지만 행동은 반대로 하는 것이

다. 또한, 부부 사이가 실제로(속으로, 마음으로)는 그렇지 않
으면서 겉으로 완고한 행동을 하는 경우이다.

5) 합리화(Rationalization)

합리화(合理化)는 자기 행동의 진짜 동기를 무의식 속에
감추고 다른 그럴 듯한 구실을 붙여서 스스로 납득하는 것
이다. 합리화는 자기 행동이 떳떳하지 못해서 양심의 가책을
받을 때, 사회적으로 인정되는 그럴듯한 이유를 붙여서 자기
행동을 정당화시키는 것이다. 예를 들면 꽃병을 깨뜨리고 나
서 야단을 맞을까봐 "꽃병이 미끄러워서 손에서 떨어졌어
요." 하고 변명을 하는 경우이다. 또한, 여우가 포도를 따
먹으려고 노력했지만 아무리 해도 딸 수 없는 포도에 대해
서 "아마 저 포도는 신포도 일거야." 라고 믿어 버리는 경
우이다.

합리화는 자신이 지니고 있으면서도 받아들이고 싶지
않는 충동이나 행동에 대해서 적당한 이유를 대는 것이다.
자신의 결함이나 부족함을 정당화시키기 위해서 사회적으
로 용납될 만한 것으로 이유를 대는 것이다. 합리화는 주로

죄책감을 막고 자존심을 유지하는데 사용된다. 합리화는 어떤 비판으로부터 스스로를 보호하려고 사용한다. 예를 들면, 화가 난 부모가 잘못한 아이를 심하게 때리면서 아이를 강하게 키우려면 매가 있어야 한다고 하는 것이다. 또한, 비싼 옷을 사서 심리적으로 불안을 느낄 때 비싼 옷이 제값을 한다고 말하면서 위로를 받는 것이다. 다시 말해서 합리화는 자아의 좌절과 불안을 극복하는 방법으로 현실을 왜곡하여 자존심을 보호하는 것이다. 합리화의 방어기제는 신포도형, 달콤한 레몬형, 투사형, 그리고 망상형이 있다.

(1) 신포도형(Sour grapes)

신포도형은 어떤 목표를 달성하려 했으나 좌절되었을 때 나는 처음부터 그것을 원치 않았다고 하는 것이다. 이 합리화는 원하는 것을 얻을 수 없을 때 그것을 부정하거나 자신의 욕구를 부정하여 좌절에 빠지지 않게 되는 것이다 (이솝우화에 여우와 포도). 또한, 사랑을 거절당한 사람이 사실 나하고는 안 어울린다. 사실 나는 그를 처음부터 원하지 않았다고 말하는 경우이다.

(2) 달콤한 레몬형(Sweet lemon)

레몬형은 자기가 지금 가지고 있는 것이야말로 자기가 원하던 것이라고 스스로 믿는 것이다. 특별히 종교 생활에서 왜곡되게 잘 나타난다.

(3) 투사형(Projection)

자신의 결함이나 실수를 자기 이외의 다른 것으로 책임을 전가하는 것이다. 목수가 연장 탓하는 경우이다.

(4) 망상형(Delusion)

망상형은 합리화 기제가 극단적으로 발전된 것으로 원하는 일이 마음대로 잘 안 될 때 전혀 말도 안 되는 것으로 실패의 원인을 합리화하는 것이다. 예를 들면, 성적이 좋지 않은 대학생이 자신은 유명한 교수의 자질이 있는데 앞으로 자신의 눈부신 업적을 두려워하여 교수가 점수를 안 주었다고 생각하는 것이다.23)

6) 억압(Repression)

억압(抑壓)은 자신이 받아들이기 어려운 사고나 관념과 감정, 그리고 충동과 기억 등을 의식에서 배제하여 무의식의 세계로 쫓아 버리는 자아 활동을 말한다. 예컨대 "생각해 낼 수 없다. 모르겠다." 라는 반응은 이 기제에 의한 것이다. 방어기제의 기반을 이루고 있는 것은 억압이다. 억압은 아동이 부끄럽게 여기는 생각, 양심의 가책이 드는 기억, 불쾌했던 경험이나 싫증 나는 일들을 생각나지 않게 무의식 속으로 억누르는 방법이다. 예를 들면 매일 만나는 친구의 이름을 잊어버리거나 하는 일 등이다. 자아 방어기제의 일차적인 수단은 불안을 가장 직접적인 방법으로 회피하는 것이다.

억압은 성적 공격적 충동의 표현을 완전히 차단하여 그 충

---

23) **Defense** : Individuals justify unacceptable attitudes, beliefs, or behavior by the misapplication of justifying reasons or the invention of false reasons.

Example : A pastor who spends an inordinate amount of time with a histrionic female counselee because of his own lustful thoughts toward her unconsciously convinces himself that his motives are pure. He rationalizes that he is seeing her out of "Christian love" because she needs to spend much time with a "father figure" to compensate for the father who ignored her as a child. (See Rom. 3:5-8 and Prov. 21:2.)

동이 불쾌한 것으로 있는 한 의식하지 못하도록 하는 것이다. 결국, 억압의 감정을 무의식으로 내려가게 함으로써 긴장은 감소시키려 하지만 실패한다. 억압은 불안을 주는 갈등을 스스로 의식하지 못하도록 하는 것이다. 억압은 정서적 충격을 주는 과거의 사건을 잘 기억하지 못하게 하는 것이다. 다시 말해서 억압은 불안이나 고통스러운 사실이 의식적인 사고에 들어가지 못하도록 막는 무의식적 방어기제이다.

이 억압된 감정은 꿈이나 말의 실수, 농담으로 표출될 수 있다. 억압은 신경증적 행동, 정신신체 장애(위궤양), 성심리적 장애(불감증)의 원인이 된다. 억압은 일시적인 회피를 줄 수는 있으나 시간이 지남에 따라서 오히려 더 큰 불안을 초래한다. 즉, 문제를 은폐하고 다루지 않는다.

억압은 억제와 구별해야 한다. 억압이 무의식적이고 자동적이라면 억제(suppression)는 잊고 싶은 기억이나 용납되지 않는 욕구 또는 생각을 잊으려는 의식적인 노력이다. 억압은 외부사건에 대한 인식과 반응이 아니라 본능과 감정의 의식적 지각을 막는 것이다.

예를 들면, 어떤 사람이 눈물을 흘렸는데 누구를 위해서

울었는지 잃어버렸다면 억압이고, 눈물을 흘린 사실을 부인하
거나 그가 애도하던 사람이 아직도 살았다고 주장하면 부정이
다. 억압은 원치 않는 감정과 의식에 대해서 생각하는 것을 무
의식적으로 막는 것이다.24)

7) 반동형성 (Reaction Formation)

반동형성(反動形成)은 억압하고 있는 욕망이나 충동과는
정반대의 태도나 행동을 취하는 것이다. 예컨대 강한 성적 관
심이 극도의 성적 멸시나 무관심한 태도로 나타나는 경우이
다. 반동형성은 아동의 행동이나 충동적인 생각 또는 욕구가
죄의식과 불안감을 느끼게 할 때, 그것과 정반대되는 행동을

---

24) **Defense** : Unacceptable ideas, feelings, impulses, or motives are
banished from conscious awareness; or unconscious ideas, feelings,
impulses, or motives are prevented from coming into conscious
awareness. All persons use repression, the most general defense
mechanism. Repression is the primary defense mechanism on which
all other defense mechanisms are based.
Example : A Christian dying of cancer continually represses personal
anger toward God for allowing the cancer to develop. Because the
patient is repressing his true feelings he may feel insulted when a
close friend asks him if his anger has caused him to lose interest in
having personal devotions.

취하는 것이다. 우리나라 속담 "미운 놈에게 떡 하나 더 준다."는 이러한 경우를 말한다. 미워하는 사람에게 더 친절하게 대하는 것이다. 미운 사람에게 떡 하나 더 주는 행동이다.

반동형성은 반작용 형성이라고도 한다. 이 방어기제는 동기가 완전히 위장되어 원래 의도와는 완전히 반대 형태로 표현되는 것이다. 즉, 원래의 무의식적 또는 억압된 특질에 반대되는 성격의 행동을 하는 것이다. 반동형성은 의식적으로 용납할 수 없는 동기를 정반대의 방향으로 표현한다. 이는 어느 한쪽의 충동이나 감정을 억압하고 대신 반대쪽의 충동이나 감정을 지나치게 강조함으로써 불안을 감소시키는 방어기제이다. 예를 들면, 지나치게 순결에 관심이 있거나 자녀를 과잉보호하는 경우이다.

반동형성은 받아들일 수 없는 충동을 억압하는 것이며, 그 반대적 행동이 의식적 차원에서 표현되는 것이다. 이는 억압이라는 방어기제로는 본능의 충동을 막지 못할 때 억압을 강화시킨다. 그런가 하면, 자신을 유지하기 위해서 개인의 욕구와 충동에 정반대 방향으로 과장되게 표현하는 것이다. 예를 들면, 싫어하지만 속으로는 좋아하는 것, 좋아하는 사람을 미워하는 것, 즉 수용할 수 없는 본능적 충동에 정반대로 행동하는 것이다.

반동형성은 무의식의 생각, 소원, 충동이 받아들여질 수 없을 때 이와는 정반대의 것을 강조하여 의식화되지 않도록 하는 것이다.

예를 들면,

① 실의에 찬 운전자가 운전을 더 조심히 하는 것,

② 지나친 복종, 예의범절,

③ 남성에 대한 자신감이 없을 때 지나친 여성 편력,

④) 지나치게 남성임을 강조하는 것,

⑤) 지나친 신앙심, 등이다.

⑥ 강한 성욕을 가진 여자가 자신이 가진 강한 성욕을 의식해서 자기가 사는 도시에 외설 영화를 상영하는 것을 반대하는 선동자가 되는 것,

⑦ 또는 남자에게 상처를 입지나 않을까 하는 두려움에 가득찬 여자가 이 두려움을 부정하려는 의도에서 난잡한 성행위에 몰두하는 경우도 있다.

반동형성은 고통을 피하기 위해 반대의 것을 과도하게 표현함으로써 진짜 문제를 왜곡하는 것이다.

⑧ 남자가 자신의 외도를 은폐하기 위해서 아내가 부정하
다고 말하는 경우이다.

⑨ 여자가 그 남자에게는 사랑을 느끼지 못한다고 하면서
관계를 끊으려 하지만 사실은 진정으로 그 남자를 사랑
하는 경우이다.

⑩ 지도자들이 잘못된 길에 빠져 있으면서 그것을 강력하
게 비판하는 것 등이다. 자신의 참된 감정을 드러내고
싶어 하지 않는 경우 미움 속에서 사랑이 보이기도 한
다.25)

8) 치환(Displacement) / 전위, 전치

치환(置換)은 사회적으로 받아들여지기 어려운 충동이나

---

25) **Defense** : Attitudes and behavior are adopted that are opposite of
an individual's true conscious or unconscious impulses.
Example : A histrionic religious leader who harbors strong
homosexual and/or hetero-sexual urges becomes an evangelist who
preaches primarily against sexual promiscuity or sex education in
schools. Periodically, however, he "falls into sin" and has affairs with
women he meets on his evangelistic tours. Reaction formation is
sometimes also called "antithetic counteraction." See Romans
2:28-29 and James 1:26-27 for related implications.

태도를 다른 대상에 돌려서 불안을 해소하려고 하는 기제이다. 예컨대 아버지에 대한 증오를 직장 상사에게 돌리는 경우이다. 어떤 대상의 감정적인 갈등을 그 대상에게 풀지 못해서 다른 대상에게 표출하는 것이다. 즉, "동쪽에서 뺨을 맞고 서쪽에서 화풀이 한다."는 속담이 좋은 예이다.

예를 들면,

① 아버지가 되고자 한 남자가 아이를 가질 수 없다는 사실을 알고 난 후로 애완동물을 키우거나 이웃집 아이를 귀여워하는 일이다.
②) 직장 상사와 안 좋은 일이 있었던 남편이 귀가해서 아내에게 짜증을 부리고 아내는 자식에게 화를 내고 자식은 강아지를 걷어차는 행위이다.
③ 사랑하는 여자와 이별한 뒤 그 여자와 비슷한 용모를 가진 새로운 여자와 사랑에 빠지는 일이다.
④ 자기가 원했던 이상이나 목표를 상실했을 때 그것에 대체할 수 있는 것에 집착하므로 자기가 이루지 못한 이상이나 목표를 달성하려 하는 것을 말한다.

⑤ 챔피언의 꿈을 이루지 못한 복싱 선수가 후배 복싱 선수를 키움으로 그를 통해 챔피언의 꿈을 이루고자 하는 것이다.

⑥ 자신이 공부하지 못한 한을 자녀를 통해 풀어 보겠다는 것 등이 모두 이에 속한다.

⑦ 어머니를 사랑하는 마음은 근친상간의 문화적 벽을 피해서 이모로 누나로 다른 이성으로 옮겨간다.

⑧ 공포증이 이 방어기제의 대표적인 예다. 이는 자신에게 무해한 대상으로 공포의 감정을 옮기는 것이다.26)

9) 해리(Dissociation)

해리는 정서적 고통을 피하기 위해서 성격이나 정체감을

---

26) **Defense** : Individuals "displace" or transfer an emotion from its original object to a more acceptable substitute.
Example : A man who is angry at his boss but afraid to be aware of his anger come home and criticizes his wife for minor things or spanks his child for something he normally would have ignored. An−other example is a five−year−old girl with unconscious conflicts about her intense love for her father, including a desire to marry him when she grows up; she displaces her love to her teddy bear and takes it everywhere she goes.

일시적이지만 극적으로 수정하는 것으로 신경증적 부정과 유사하다. 해리는 히스테리성 전환반응, 갑자기 근거 없는 우월성이나 저돌적인 태도를 한다. 해리는 자신의 행동이나 감정에 대한 책임을 지각하는 것을 단기적으로 거부한다. 즉, 기억상실증, 몽롱한 상태(fugues)를 경험하기도 한다.

해리는 불안이나 고통을 숨기기 위해서 공포스러운 상황을 스스로 찾는 행위이다. 또한, 약물중독을 하는 것, 무대에서 불안감을 없애는 것을 안전하게 행하는 것, 종교적인 환희 등을 격렬하게 사용하는 것이다. 자기 자신의 한 부분을 분열되게 하는 것으로 아동 학대 성학대의 피해자들에게서 잘 나타난다.

해리 현상에서는 이중인격, 다중인격을 볼 수 있다. 즉, 한 성격은 매우 보수적이고 다른 성격은 거칠고 충동적이며 쾌락을 추구한다. 즉, 해리는 마음을 편하게 하지 못하는 근원적인 성격의 일부가 의식적인 지배를 벗어나 다른 독립적인 성격인 것처럼 행동하는 것이다.

해리 방어기제는 몽유증(somambulism), 잠꼬대(sleep talking), 건망증(amnestic episodes), 둔주(fugues states : 기억상실) 등에서 해리현상을 볼 수 있다.27)

10) 상환(Repayment)

상환은 무의식에 있는 죄책감을 씻기 위해서 사서 고생하는 행동이다. 상환은 상환행위를 통해서 죄책감으로부터 벗어나려는 것이다. 즉, 잃어버린 대상을 위해서 다른 대상으로 대치하는 행위이다. 예를 들면, 평상시에 사랑하는 사람에게 잘해 주지 못했는데 갑자기 사별했을 때 평생을 혼자 살아가는 것이든지, 단간 방에 산다든지, 자선사업을 적극적으로 한다든지, 죽은 자식을 위해서 위로금으로 장학재단을 만든다든지 하는 행위이다.

---

27) **Defense** : Individuals "dissociate" or detach emotional significance and affect from an idea, situation, or object.
Example : A pastor crusades for sexual purity and integrity but is unconsciously seductive with female counselees, dissociating his guilt feelings and sexual feelings from his actions. He thus can still consider himself faultless in the situation and is not consciously hypocritical. Split personalities, fugue states, and amnesia—more severe forms of dissociation —are all considered severe histrionic personality characteristics.

11) 전환(Conversion)

전환은 심리적 갈등이 신체증상과 신체감각기관과 수의근
계(voluntary muscular system)의 증상으로 전환되는 과정
이다. 예를 들면, 작가가 글을 쓰는데 심한 스트레스로 오른손
이 마비되는 경우, 입영 영장을 받아 놓고 시각장애가 오는 경
우, 화가 나서 상사를 칠까 생각하는 사람의 오른팔에 마비가
오는 경우이다.28)

---

28)**Defense** : Hysterical(Histrionic) Conversion Reaction :
Unacceptable feelings (such as anger) or motives (such as
vengeance) result in actual, symbolic loss of function of a part the
body innervated by sensory or motor nerves.
Example : A right-handed mother has a sudden urge to kill her
misbehaving child but rapidly represses that unacceptable
urge, becoming instantly paralyzed in her right arm. Another
common ex-ample would be a histrionic female with multiple,
lifelong sexual conflicts who loses all sensation in her genital area
and no longer enjoys sex with her husband. During the Vietnamese
war many American soldiers became paralyzed in one arm. It was
noted that the paralyzed arm was nearly always the individual's
primary shooting arm. Under hypnosis the soldiers could use the
paralyzed arm, which again became paralyzed when not under
hypnosis. Such hysterical conversion symptoms (including hysterical
paralysis, blind-ness, deafness, multiple sclerosis symptoms, or
seizures) are readily reversible with psychiatric counseling and the
power of suggestion. Nearly all "faith healings" in histrionic,
emotional church services are hysterical conversions that are being

12) 반복강화(Repetition)

반복강화는 실패를 거듭함에도 불구하고 같은 행동 양상을 주로 되풀이하는 것이다. 정신질환에서 흔히 보이는 것으로 병적 행동 양상, 사고장애, 잘못된 또는 문제가 많은 상황에 휩쓸림 등으로 신경증적인 관계를 맺는 것을 의미한다. 예를 들면, 알코올 중독자에게 이끌리는 여자, 성행위, 마약, 등 중독과 관계가 있다.

13) 저항(Resistance)

저항은 억압을 유지시키려는 과정의 일부분이다. 저항은 무의식적 자료가 표현되는 것을 피하려 한다. 따라서 과거의 주요 사건을 기억하지 못하거나 불안을 일으키는 주제에 대해서 말을 잘못하는 것이다. 이 저항은 자유연상을 방해하며, 무

---

given up without the realization by the individual that the lost function was psychological in the first place. Such "healings" are not to be confused with genuine supernatural healings, which God carried out in Bible times to prove that Christianity was real, and may still carry out today.

의식적 충동이 인식 수준으로 오는 것을 막는 심리적 장벽이다. 이는 의식화되면 너무 고통스럽기 때문이다.

14) 증상의 형성(Symptom Formation)

증상의 형성은 다른 표현으로는 타협의 형성이다. 자아가 금지된 충동과 대항하는 자아의 반응을 모두 또는 부분적으로 만족시키려는 병적인 방어기제이다. 예를 들면, 임산부의 병적 구토현상은 태아를 없앴으면 하는 금지된 충동의 표현이기도 하지만 동시에 이 신체 증상으로 파괴적인 충동을 무의식화한다.

15) 통제(Controlling)

통제는 자신의 불안감을 줄이고 내적 갈등을 해결하는 수단이다. 주변에 있는 대상이나 사건을 조정하고 이용하려는 과도한 시도로서 부모가 자신의 개인적인 성취에 대한 갈등이 있을 경우 자신이 원하는 방향으로 자녀를 조정한다(마마보이를 만든다). 즉, 자신의 갈등을 완화하고 대리로 성취하려고 시도하는 것이 그 예이다.

16) 허세(Show Off)

허세는 한국에서 가장 잘 나타나는 특유의 적응방식으로 실속보다는 겉꾸밈을 중요하게 여기고, 자신의 행동이 타인에게 어떻게 평가받을지에 대해 상당히 민감한 타인 지향적 성향이다.

5. 성숙한 방어기제

성숙한 방어기제(Defenses of Mature)들은 일반적으
로 12세에서 90세의 건강한 사람들에게서 나타난다. 이 방어
기제들을 사용하는 사람들은 외부 현실과 대인관계, 그리고
개인의 사적인 감정을 통합시켜 준다. 또한, 관찰자 측면에서
는 좋은 미덕을 가진 사람으로 보인다. 그러나 초긴장 상황에
서는 미성숙한 방어기제들로 바뀌게 될 수 있는 기제이다.

1) 승화(Sublimation)

승화(昇華)는 억압된 충동이 사회적·문화적으로 가치 있
는 활동으로 바뀌는 것이다. 예컨대 나부상(裸婦像)이나 나부
화(裸婦畵)는 예술가의 성충동의 승화로 간주된다. 이는 내적
충동에 대한 방어기제일 뿐만 아니라 학문·예술·문화·
종교 등 창조적 활동의 기초를 이루는 심리기제이기도 하다.

프로이트는 각 개인의 충동을 사회적으로 용납된 생각이나 행동으로 표현함으로써 적절하게 전환시키는 자아의 기능이라고 보았다. 승화는 자아로 하여금 충동의 표현을 억제하지 않고 충동의 목적이나 대상을 변화시켜서 건전한 방법으로 다루는 것이다.

승화는 부정적인 결과나 지나친 쾌락의 손상 없이 간접적이거나 순화된 형태로 본능을 표현하는 것이다. 승화는 즐거운 게임, 스포츠, 그리고 취미를 통해서 공격성을 표현하는 것이다. 승화는 연애 기간에 순화된 성적 표현을 하는 것이다. 승화는 본능이 억눌려지거나 전환되는 것이 아니라 오히려 나타나는 것이다. 승화는 적절한 본능적 만족이 일어나도록 상대적으로 의미 있는 사람이나 목표를 향하여 인식되어지며 수정되어지고 조작되어지는 것이다. 다시 말해서 승화는 원시적이고 용납되지 않는 충동을 사회적으로 건설적인 유익과 목표로 표출하게 하는 것, 즉 각종 예술 활동, 문화, 종교, 과학 및 직업 성취 등이 그것이다.29)

---

29) **Defense** : Consciously unacceptable drives (such as hostility or lust) are acceptably channeled without the individual ever be-coming aware that the unacceptable drives exist within. It would be healthier to become aware of such drives, pray about them, do something about them, and then consciously redirect the drives.

2) 이타주의(Altruism)

이타주의는 다른 사람에게 본능적 충동을 만족시키는 봉사를 하는 것이다. 이타주의는 반동형성과 보상을 잘 받으면서 다른 사람에게 봉사하는 것이다. 이타주의는 실제적인 이익을 주는 행동이다. 이는 최소한으로 부분적인 만족을 준다는 점에서 반동형성과 다르다. 즉, 다른 사람의 본능적 욕구충족을 건설적으로 도와주는 것이다.

3) 억제(Suppression)

억제는 바람직하지 않은 의식적 충동과 갈등에 대한 관심

Example : A boy grows up in a cold, critical, hostile, but strict religious family. Being aware of his own strong hostile drives would hurt his pride and conscience, so he becomes an expert hunter as a boy, killing many "acceptable" animals. In high school and college he becomes an exceptional middle linebacker in football, noted for his "Killer instinct." He then goes to medical school and surgery residency, spending the rest of his life cutting people's bodies to save their lives. All of those activities help him to redirect his hostile drives so that he never becomes aware of their existence. He would angrily deny their existence if they were pointed out to him.

을 의식적으로 지연시키는 것이다. 억제는 어려운 상황에서도 희망을 갖는 것이다. 인식 되어진 불편한 감정을 최소화하는 것으로 의식적인 노력을 하는 것이다. 억제는 곤란한 상황에서 머뭇거리지 않으면서 심사숙고하는 것이다. 억제는 "나는 그것을 내일 생각할거야"라고 말하고, 다음날에는 그것을 잊지 않고 그것에 대해서 생각하는 것이다. 즉, 억제는 받아들이고 싶지 않은 욕구나 기억을 잊으려고 노력하는 것이다.

4) 예상(Anticipation)

예상은 미래에 일어날 심리적 불편감에 대해서 현실적으로 예견하거나 계획하는 것이다. 예상은 목표 지향적이나 지나치게 조심성 있는 계획이나 걱정은 좋지 않다. 예견은 실제적이든지 또는 잠재적으로 미래에 생길 수 있는 내적인 불편함이나 걱정스러운 일들을 미리 생각하고, 현실적으로 여러 가지 대책과 그에 따른 적합한 계획을 수립하는 것이다. 즉, 시험에 대한 불안으로 철저한 학습 계획을 세워 열심히 공부하는 것이다.

5) 유머(Humor)

유머는 개인의 감정적 불편함이나 무기력하다는 느낌이 없이 감정을 겉으로 표현하는 것이다. 다른 사람에게 불쾌한 영향을 미치지 않으면서 사고나 감정을 겉으로 표현하는 것이다. 유모는 재치와 달리 현실을 있는 그대로 인정한다. 유머는 희망과 마찬가지로 참기 어려운 상황을 견디어 내는데 도움이 된다. 즉, 다른 사람은 거북하고 불쾌한 감정을 느끼지 않게 하면서 자신의 느낌을 공개적으로 표현하는 것이다.

6) 보상(Compensation)

보상은 약점이나 실패를 다른 것으로 보충함으로써 자존심을 회복하려는 행동 양식이다. 예를 들어, 학교 성적이 나쁜 아동이 물질적으로 과시하는 것이나 몸이 약해서 운동을 잘하지 못하는 아동이 공부를 열심히 해서 좋은 성적을 받는 것 등이 여기에 포함된다. 삶에 있어서 결핍된 부분을 자신의 뛰어난 다른 부분으로 보상해 주는 것을 말한다. 즉 강한 성적 욕구를 과도한 신체 운동으로 대체하는 것이다. 보상은 열등감을 감소하기 위해서 바람직한 성향을 과장해서 표현하는 것이다. 심리학자들은 개인이 가장 부족하다고 생각되는 면에서 어떤 것을 성취하기 위한 노력으로 설명하기도 한다.

보상은 지배적인 사람이 열등감을 은폐하기 위한 것으로 호전성을 발휘하기도 한다. 보상은 외부로 향한 공격성으로 좌절에 대한 적극적 저항이며 자아를 유지하고자 하는 것이 때로는 성취동기가 되기도 한다. 알프레드 아들러(Alfred Adler)는 열등감을 열등한 면이 있는 사람이 위대해지는 주요한 원인으로 정의한다. 즉, 어떤 위치에 놓이고자 하는 욕구가 좌절이 되면 열등감을 갖게 되는데 이는 자랑이나 호전적인 행동으로 보상하게 된다. 그러나 호전적인 행동은 자기존중감(self-esteem)을 유지하기 위한 시도일 뿐이다. 또한, 보상은 시간과 돈을 투자해서 지위를 얻었는데 좌절이 되었을 때 이에 대한 보상으로 동전 수집을 취미로 보상한다. 이는 자아를 유지해 주는 역할을 한다.30)

---

30) **Defense** : Individuals attempt to make up for real or imagined personal deficiencies in physique, performance, talents, or psychological attributes. This can become a healthy defense if the compensation is done consciously and with proper motives. Compensation here, however, refers to an unconscious striving to make up for inferiority feelings resulting from lack of acceptance of

7) 대치(Substitution)

대치는 어떤 충동이나 감정을 직접 해당되는 대상이 아닌 데로 돌리는 행동이다. 어머니에게 야단을 맞은 아동이 집에서 기르는 개를 발로 참으로써 화풀이하는 것이 그 예이다. 대치는 불쾌감을 주는 대상에서 멀어지거나 회피함으로써 불안을 없애는 방법이다. 처음 만나는 낯선 사람을 피하거나 수줍어하는 것이 여기에 포함된다.

대치는 얻고자 하는 목적이 좌절되었을 때에 다른 것으로 대신 만족을 얻는 것이다. 예를 들면, 꿩 대신 닭, 실연당한 사람들이 음식물을 과하게 섭취하는 경우 또한 자신의 열등감을 다른 활동으로 관심을 돌린다. 예를 들면, 공부와 운동 관계이다.

---

the way God made us.
Example : A young woman decides to use lots of makeup and becomes sexually promiscuous without realizing that she is doing so to compensate for severe inferiority feelings over her (real or imagined) unattractiveness.

8) 아동을 통한 보상(compensation through children)

아동을 통한 보상은 부모가 자신의 실패를 아동을 통해서 보상을 받으려 하는 것이다. 대부분의 자녀들이 부모를 만족시키려는 능력을 가지고 있다. 이에 대해서 부모가 강하게 더 요구하는 것이다.

9) 색다른 능력개발(Development peculiar ability)

색다른 능력개발은 많은 노력으로 기본적인 욕구의 좌절을 극복하는 사람들에게서 나타난다. 예를 들면, 백치(IQ: 20-25 2세) 또는 노둔(Moron: 8-12세기의 성인)인 사람들이 세 자리의 곱셈을 하는 것이다.

10) 관심사(Attention getting)

관심사는 타인에게 자신을 인식시키기 위한 수단으로 사용되는 행위이다. 특히 어린 시절에 많이 일어난다. 유아는 울음으로 자신을 알리고 보상을 받으려고 한다. 아동기에는 관심을 끌기 위해서 공부를 열심히 하게 된다. 그러나 극단의 관심은 고층 빌딩에서 뛰어내리는 엉뚱한 행동을 하기도 한다.

6. 기타 방어기제

1) 차단(Blocking)

차단은 몇 가지 연결된 생각들 가운데서 앞선 것은 알지만 뒤를 잇는 생각이 억압을 당해 도저히 기억나지 않는 것을 의미한다.31)

---

31) **Defense** : Individuals experience a sudden cessation of the flow of thought or speech in the middle of a sentence. When such individuals, with conscious effort, try to continue the thought, new ideas crop up which are unrelated to the original sentence.
Example : A young woman is talking to her boy-friend and during the conversation an unconscious conflict threatens to emerge to her awareness. Her unconscious mind immediately blocks from her memory what she was about to say, she loses her train of thought, then begins to talk about an unrelated subject that is less threatening to her ego.

2) 신체화(Somatization)

신체화는 심리적 갈등이 감각기관과 수위근계를 제외한 기타 신체 부위의 증상으로 표현되는 경우를 의미한다. 예를 들면 사촌이 땅을 사면 배 아픈 것과 같다. 신체화는 심리적인 갈등이 신체 부위의 증상으로 전환됨으로써 신체 반응을 나타내는 심리 방어기제이다. 즉, 신체화는 개인이 해결하기 어려운 갈등 상황에 처하면 반복적인 신체 증상을 보이면서 심리적 갈등을 회피하게 되는 것이다. 예를 들면, 심한 스트레스를 받으면 배가 아프다고 하든지, 머리가 아프다고 호소하는 것이 좋은 예이다.

신체화는 신체검사나 임상병리검사로는 아무 이상이 없다고 하는데도 여러 가지 신체적 증상들이 나타나는 장애이다. 다시 말해서 온몸이 안 아픈 곳이 없는 경우이다. 따라서 증상을 말할 때 대개 애매모호하고 막연하게 표현한다. 그러나 신체적 증상들로 인해 실제로 의학적 치료를 받거나 사회적·직업적 또는 기타 중요한 기능영역에서 심각한 장애를 초래할 경우에만 치료 대상이 된다.32)

32) **Defense** : Unacceptable unconscious feelings (such as anger) or

3) 금욕주의 (Asceticism)

금욕주의는 경험을 통해 얻을 수 있는 직접적인 오감과 정서적 쾌감의 근원을 차단하는 것이다. 즉, 자신이 의식되고 지각되는 기본적인 즐거움을 반대함으로써 즐거움과 만족을 얻는 것이다.

---

motives (such as vengeance) are represented by physical symptoms (such as headaches, diarrhea or heartburn) in parts of the body innervated by the autonomic nervous system. Such persons are thus able to keep their minds on their physical symptoms to avoid being aware of their true feelings and motives. Most people use this defense mechanism regularly. Histrionic personalities and hypochondriacs use it excessively.

Example : A college professor corrects one of his students in class in a less than tactful way. The student becomes angry but is afraid to be aware of his anger because he might get in trouble with the professor if he lets the professor know about his anger. Since the student holds in his anger, his body responds with almost immediate tightness of lower-back muscles. Lactic acid accumulates and puts pressure on nerve endings in his back muscles within a few hours. Several days later he becomes immobilized by severe back pain and sees a physician. The physician will either (1) give him pain medications, (2) refer him to a psychiatrist, or (3) if dishonest, diagnose the problem as a "pinched nerve" and operate on his back unnecessarily.

4) 분단(Splitting)

분단은 자기와 다른 사람의 심상과 태도에서 "전적으로 좋은 것 또는 전적으로 나쁜 것"이라는 두 개의 상반된 정서를 가지는 것이다. 이는 주로 경계성 장애를 가진 사람에게서 나타난다.

5) 종교인의 방어기제

기독교 신앙에서의 방어기제는 특별히 교회 공동체의 관계 속에서 나타나는 기제들이다. 이 기제들을 사용하는 사람들은 자신 안에 내부의 두려움과 염려를 감추기 위해서 사용한다. 그리고 외부적으로는 자신의 신앙생활에 대해서 잘못된 우월감을 보이려는 것으로 사용된다. 그러나 관찰자 입장에서 보면 믿음이 좋은 신앙생활을 하고 있는 것으로 보여진다. 이 방어기제는 진실된 신앙인들이 신앙고백 차원에서 하는 것과는 구분되어 진다.

기독교인들이 대표적으로 사용하는 방어기제는 "믿음으로 합시다. 은혜롭게 합시다. 하나님의 뜻이 있습니다. 기도

해보세요(금식기도 합시다). 하나님의 영광을 위한 것입니다." 등이 있다. 이 부분들은 온전한 신앙 가운데 고백 되어진다면 믿음의 증진을 가지고 오지만 자신의 실수나, 나태함, 또는 게으름을 도피하기 위해서 쓰인다면 미성숙한 방어기제, 막연한 신앙의 방어기제가 된다. 즉, 성숙한 방어기제가 아니라는 것이다. 신앙인들과 상담을 하거나 대화를 하게 되면 분명히 자신의 실수와 잘못으로 이루어지는 것인데 하나님의 섭리와 뜻으로 돌리는 경우가 있다.

예를 들면, 자신이 최선의 공부를 하지 않고 시험을 본 다음 낙방을 할 때 "하나님의 뜻과 섭리"를 거론하는 것이다. 또한, 서로의 관계에 있어서 갈등과 의견 대립이 있을 때 대화와 이해, 그리고 수용 차원에서 충분히 대처하고 해결할 수 있는 부분들에 대해서 그 사실을 무마시키기 위해서 "은혜롭게 합시다. 하나님의 영광을 위해서 그냥 지나갑시다." 하는 식의 신앙적 태도이다. 그런가 하면, 자신이 최선을 다하지 않고서 어떤 일에 대해서 실패했을 때, "기도하지 않아서, 금식기도 또는 철야기도를 하지 않아서 실패했다."는 식의 신앙적 태도이다.

IV. 행동심리

Behavioral
Psychology

1. 행동심리

다문화가족의 구성원들의 특징 중 하나로 환경과 상황, 그 문화에 적응하는 문제들을 가지고 있다. 따라서 적응과 부적응의 이해는 다문화가족 상담에 도움이 된다. 적응은 정신건강과 관련되어 있어 자아존중감, 자아탄력성, 자아효능감과 관련이 있다.

인간이 자신에게 주어진 상황에 적응과 부적응의 여부는 정신건강 및 인성과의 관련이 있다. 최근 청소년들이 학교와 가정에서 부적응으로 인한 다양한 문제를 일으키고 있다. 가정 내에서의 부적응은 학교 현장으로 이어지고 결국 사회 문제가 된다. 학교 현장에서의 부적응 문제는 학습 저하, 또래 집단에서의 왕따, 교사와의 갈등, 폭력, 심지어는 자살까지 이어지고 있다. 따라서 부적응 문제는 인성교육의 문제와도 관련이 있다. 인성이 올바른 사람은 다양한 환경에 적응하는 데에 유리하다. 인성은 부정적인 환경과 상황의 유혹을 벗어날 수 있는 의지와 조절할 수 있는 능력이 있다. 가정의 인성교육의 부재는 학교생활에서 부적응하는 학생들과 관련이 있다. 따라서 가정에서의 인성교육은 반드시 이루어져야 하며 그 연장선상에서 학교에서도 역시 체계적이며 제도적인 인성교육이 필요하다.

1) 적응 행동심리

적응은 어떤 환경에 적절하고 유익하게 대처할 수 있는 역량으로 외부세계의 현실에 적당히 맞추는 활동과 통제를 포함한다. 적응은 한 개인이 주어진 환경 사이에 '함께 어울림(adaptedness)'의 의미로 이끄는 심리적 과정이기도 하다. 즉, 함께 어울림은 인성의 척도 중에 하나로 사회성이며 공동체 의식이다.

적응의 문제는 한 개인의 요구(욕구) 충족 측면에서도 이해할 수 있다. 따라서 인간이 내적 요구(욕구)와 소망(목적)을 충족시키기 위해 환경을 바꾸는 것을 외부변형

(alloplastic)이라고 부른다. 반대로 개인이 외부세계에 맞추어 자신을 내적 및 심리적으로 조정하는 것을 내부변형 (autoplastic)이라고 한다. 따라서 적응은 인성과 관련 하여 한 개인의 다른 개인과의 협력이며 조화이며 균형이다.

적응은 자아, 원 자아, 초자아, 외부세계 사이에 조화로운 관계를 맺는 능력의 기준이 된다. 따라서 정신분석학에서는 인격형성이란 안정된 보호 환경을 내재화하여 외부 환경을 수정할 수 있도록 한 개인의 적응적 역량과 능력을 증진시키는 것을 의미한다.33) 이러한 측면에서 인성은 인간이 환경과 사회구성원들과의 적응과 관련이 있다. 인성 교육 목표 중 하나로 현재 자신의 환경과 상황에 적응하는 능력이다. 학교생활의 적응과 사회생활의 적응, 그리고 원만한 대인관계이다. 즉, 타인의 언행에 대해 배려하고 공감하는 태도와 자세가 중요하다.

---

33) Hartmann, H. (1939). *Ego Psychology and the Problem of Adaptation.* New York: Int. Univ. Press, 1958. Weinshel, E. (1971). *The ego in health and normality.* JAPA, 18:682-735.

2) 부적응 행동심리

부적응은 일정한 조건이나 환경 따위에 맞추어 적응하
지 못하는 것을 의미한다. 부적응은 가정·사회·직장, 그
밖의 환경적 요구에 자신을 적응시키지 못하고 있는 상태
를 말한다.[34] 이것은 인성교육의 부재로 나타날 수 있다.
인성교육의 부재는 개인과 환경과의 관계에서 조화를 이루
지 못한 상태인 부적응으로 표출된다. 인성교육의 부재로
나타난 부적응은 어떤 조건에 의해 저지된 경우 또는 두
개 이상의 욕구가 있어 그것을 동시에 만족시킬 수 없을
때를 의미한다. 더 나아가서 사회적으로 승인되지 않는다
든가, 병적으로 이상한 행동을 할 때, 이것이 부적응 행동
이다.[35] 이러한 부적응은 가정의 인성교육 부재를 시작으
로 학교 인성교육의 부재로 연결될 수 있다는 점이다.

부적응의 원인은 개인 능력의 결함이나 성격이상으로

---

34) 교육학 용어사전/Hartmann, H. (1964). *Essays in Ego Psychology*.
New York: Int. Univ. Press, 1964.

35) 체육학대사전/ Michaels, R. & Yaeger, R. K. *Adaptation*. PMC.
Forthcoming. Waelder, R. (1930). *The principle of multiple
function*. PQ, 5:45-62, 1936.

나타나기도 한다. 또한, 개인이 처한 환경이 좋지 못해서 사람의 기본적 욕구가 충족되지 못하기 때문에 부적응하게 되는 경우도 있다. 구체적인 부적응의 원인은 가정폭력, 결손가정, 부모의 양육태도 등이다. 이 모든 것 역시 인성교육의 부재로 온 결과이다. 가정폭력과 부적응은 자녀에 대한 가정폭력의 피해연령이 어릴수록 치명적이다. 가정폭력을 경험한 청소년은 주어진 환경과 상황에 부적응하게 되고 바람직한 성장에 문제와 장애를 일으켜서 반사회적 행동을 유발하게 될 확률이 높다. 가정폭력을 경험한 청소년들은 자아존중감이 낮고, 대인관계에서도 위축되며, 성격 특성이 파괴적, 반항적이고 과도한 불안 증세가 나타난다. 이러한 결과는 학교생활에 부적응하게 되고 폭력의 가해자와 피해자에 노출되기 쉽다.

3) 결손가정과 부적응

결손가정과 부적응은 관련이 있다. 작금에 와서 편부모와 미혼자녀의 비율은 계속적으로 증가추세이며 사별보다는 이혼, 미혼부모 증가율이 높아 가고 있다. 부부의 갈등은 이혼이나 별거로 이어지고 자녀에 대한 무관심이나 폭력으로 발전된다. 그 결과 사춘기 청소년은 부적응, 학교폭력에 노출된다. 또한, 심한 경우에는 약물남용, 가출, 정신질환 등의 문제가 나타난다. 아동기는 행동상의 문제와 적응상의 문제가 더 자주 생기고 여아의 경우 감정을 주로 내면화시켜 우울해지거나 사회적으로 위축되는 경향이 있다. 중·고등학생의 경우 무책임한 부모에 대한 분노와 적대감을 갖게 되어 주어진 환경에 부적응하게 된다.

결손가정의 심각한 문제는 어느 한쪽 부모가 실제로 없는 것보다 부모가 있으나 부모의 역할을 제대로 하지 못하는데 있다. 결손가정의 자녀는 심리적 정서적 문제가 나타나게 된다. 즉, Mothering Complex36), Fathering Complex37) 가 문제이다. 결손가정은 가족 간 대화 부족

---

36) 엄마의 역할 부재로 나타나는 심리적 현상으로 애착, 분리불안, 정서적 불안, 관심욕구, 인정욕구, 사랑욕구 등 인간의 기본정서가 불안정하여 주변 사람들을 힘들게 한다. 즉, 어린아이와 같은 행동과 정서적 표현과 욕구로 자신을 비롯하여 관련된 사람을 힘들게 하는 정서이다.

37) 아빠의 역할 부재로 나타나는 심리적 현상으로 대인관계, 사회성에 문제가 되기도 하며, 가부장적이거나 독재와 같은 지배적 욕구가 나타나기도 한다. 모든 일에 수동적이며, 자신감 결여로 인하여 소극적인 태도와 자세를 보이게 되어 주어진 일에 책임감이 부족하다. 심한 경우 반사회적 행동으로 자신을 표현하는데 일관하기도 한다. 또한, 어려운

으로도 나타나기도 한다. 대화가 부족한 가정에서 자란 아이는 왕따, 게임중독, 스마트 폰 중독과 같은 매체에 쉽게 빠지게 될 확률이 높다. 필자는 결손가정은 가시적인 결손보다는 역할의 결손이 더 중요하다고 본다. 즉, 엄마의 역할(mothering)과 아빠의 역할(fathering)부재는 정서적 · 심리적 · 사회적 결손이 생기게 된다.

4) 부모의 양육태도와 부적응

부모의 양육태도와 부적응은 배척, 무관심, 편애, 과잉보호, 독재 등으로 설명된다.

배척은 부모가 청소년기에 있는 자녀에 대한 관심은 있지만, 청소년의 행동이나 생활에 대해 감정적으로 대하거나 미워하는 태도이다.

무관심은 청소년들이 자신의 문제나 고민에 대해 의논하려고 해도 제대로 상대해 주지 않으며, 부모로서 청소년들에 대해 최소한의 간섭도 하지 않는 태도이다.

일이나 곤란한 상황에 처할 때 퇴행적 행동을 하게 된다.

편애하는 가정에서 자라나는 청소년들은 질투심이 강하고 다른 형제들을 미워하게 되며 심한 경우 가정을 벗어나 방황하게 된다. 또한, 다른 사람과의 안정적인 인간관계를 맺기 힘들다.

과잉보호는 부모들이 자녀를 위해 맹목적으로 사랑하며 극도로 헌신하는 생활을 통해 자녀의 모든 일을 대신해 주는 것이다. 부모의 지나친 사랑은 자녀가 정서적으로 미발달하도록 하고 청소년이 스스로 할 수 있는 기회를 박탈하게 되어 독립성을 결여시키며 의존적인 상태에 머물게 한다.

독재는 부모들이 자녀가 아닌 자신의 가치와 욕구충족을 기준으로 청소년들의 행동이나 생각을 바라보고 있어 자녀에게 항상 부족함과 실망을 느끼며 자녀의 모든 의사나 행동에 반대하는 양육태도이다. 독재는 부모의 권위적 태도에 불만과 증오심을 가지고 부모의 기대에 대한 복수나 주목을 받기 위해 비행행동을 하게 된다. 이러한 부적응은 정신병·신경증·범죄 등 이상심리의 원인이 되기 때문에 상담과 심리치료 또는 생활지도의 도움을 받아야만 한다. 그보다 선행되어야 하는 문제는 가정에서의 인성교육이며, 학교에서의 인성교육이다.

이와 같은 **부**모의 양육태도는 부적응 생활태도를 가지게 한다. 이러한 부적응 생활태도는 학교생활의 부적응, 학교폭력, 왕따, 인터넷 중독, 게임중독, 스마트 폰 중독에 쉽게 노출된다.

Ⅴ. Intake Counseling과
심리코칭

Psychology
Choaching

1. Intake Counseling 이해

1) Intake Counseling 개념

상담은 예방상담과 본 상담, 그리고 사후상담으로 구분할 수 있다. 예방상담은 문제가 발생하는 것을 예방하는 차원에서 사전상담(pre-counseling)이다. 상담은 대부분 상담자의 관찰과 판단에 의해서 이루어진다. 따라서 예방상담은 내담자에 대해서 변화를 주기보다는 내담자가 스스로 자신을 분석하고 자아를 강화시키는데 목적이 있다. 예방상담은 가정, 학교, 직장, 특별히, 청소년을 대상으로 진행되는 것이 바람직하다.

사후상담(post-counseling)은 본 상담의 결과들에 대해서 점검하는 차원과 상담의 효과를 지속적으로 유지하는 것에 대한 점검 및 지원 차원에서 상담자와 내담자의

협의하에 이루어진다. 사전상담은 문제를 예방하는 차원
에서 사후상담은 본 상담의 효과가 지속적인이며 성장에
도움을 준다는 측면에서 중요하다.

본 상담의 진행은 크게 상담의 준비, 진행, 종결로 이
루어진다. 구체적인 진행은 화제유도, 문제 확인, 문제 진
단과 해석, 그리고 해결과 종결로 이루어진다. 상담자가
내담자를 효과적으로 상담하기 위해서 무엇보다 중요한
것은 내담자의 마음 문을 열고 내담자의 상태를 올바르게
진단하는 것이다.

상담자는 본 상담이 진행되기 전에 내담자의 마음을 열
고, 내담자의 문제에 대해 초기진단을 잘하는 경우 상담의
효과성을 높일 수 있다. 이 상담이 "Intake Counseling"이
다.

"Intake Counseling"은 상담자의 세밀한 관찰력과 통찰력
이 있어야 한다. 효과적인 "Intake Counseling"을 위해서 상
담자는 전문적인 이론 공부와 훈련, 그리고 Supervision[38]이

---

38) Supervision이란 상담에 대한 풍부한 전문성과 임상적 경험을 가지고
　　있는 Supervisor가 Supervisee에게 상담심리치료 기술을 증진시키기
　　위해서 실시하는 임상과정을 의미한다(M.C. Gilbert & K. Evans, 19).

필요하다.

Intake는 사회복지 분야에 관련하여 사용하고 있다. 사회복지 관련하여 intake는 복지서비스 수요자가 복지기관에 처음 찾아오는 클라이언트를 맞이하여 기본적인 신상정보와 욕구, 해결하고자 하는 문제가 무엇인지를 파악하기 위해 실시하는 "최초 접수상담"으로 이해할 수 있다.

사회복지에서 intake는 어려운 문제를 가지고 있는 사람이 직접 복지기관이나 상담 기관에 찾아와서 성립된다는 측면에서는 다소 소극적인 면이 있는 상담의 형태이다. 그러나 복지 차원에서 상담자가 거리에서 방황하는 가출청소년들을 직접 찾아 나서서 이들을 만나고 상담하는 경우에는 "intake"라는 표현보다 "outreach"라는 표현을 사용하게 된다. 그러므로 사회복지 차원에서의 상담 서비스는 intake보다는 outreach의 의미가 더 적절하다고 생각한다.

Intake는 가족치료 모델의 다중충격 가족치료 모델(Multiple Impact Family Therapy)에서 상담기법으로 "intake와 정보수집"이라는 개념으로 사용된다. 이 치료 모델에서는 intake 회의를 한다. 이 intake 회의는 확인된 클라이언트와 부모 및 형제, 그리고 의뢰기관을 포함한다. 치료 팀은 가족구성원들과 전체회의를 하기 전에 먼저 의뢰기관의 직원과 간단히 의논하는 시간을 갖는다. 이때에는 의뢰기관으로부터의 정보들이 검토되어지고 전체회의를 위한 임시계획이 만들어진다.

Intake 회의를 위해 준비된 배경과 정보들을 기본으로 하여 가족 상호작용에 대한 것을 추측하게 된다. 여기에서 intake 회의는 그 자체가 심사하는 시간이 아니며 진단과 치료에 기능을 가지고 계획하는 시간이다.

Intake 시간은 단순한 정보수집하는 단계를 포함하여 치료의 시작이며 치료의 과정 중에 하나라고 볼 수 있다. 또한, 치료 팀은 치료하는 가운데 intake에서 수집된 정보들을 검토하면서 치료를 진행하게 된다.

이와 같은 이론적 배경을 근거로 "Intake Counseling에 대해서 다음 같이 설명할 수 있다.

Intake Counseling은 상담 전체에 있어서 본 상담에 들어가기 전에 내담자의 상태와 문제를 파악하는 상담이다. Intake counseling은 상담자가 내담자에 "현재 당신에게 있어서 제일 문제가 되는 것은 무엇입니까? 현재 당신에게 있어서 가장 고통스럽고 힘든 것이 무엇입니까?" 라고 질문하는 상담을 의미한다.

Intake Counseling은 상담자의 눈에 처음 비쳐지는 내담자의 말과 행동, 그리고 외모를 보고 내담자의 상태를 파악하는 것이다. 즉, 상담자는 내담자의 말투를 듣고, 느끼면서 처음 대화하는 3분에서 5분 전후의 상담 과정이라고 할 수 있다.

Intake Counseling은 상담자가 내담자를 "처음 보고, 말을 주고받는 가운데" 관찰되는 상담이다. 이때에 상담자는 내담자의 정신건강과 심리상태를 읽을 수 있게 된다. 또한, 상담자는 내담자의 자아 상태와 문제에 대한 심각성의 정도를 파악하게 된다. 따라서 내담자의 심리상태를 읽은 상담자는 내담자에게 어떻게 접근하고 대할 것인가를 판단하게 되는 것이다.

상담자는 Intake Counseling을 성공적으로 수행하기 위해서 발달심리학, 이상심리학, 정신분석과, 방어기제와 정신건강, 성격장애, 비언어적 표현(nonverbal communication) 등에 관한 이론적 지식이 있어야 한다. 또한, 상담감독 (supervisor) 지도하에 상담에 관련하여 다양한 임상훈련 (internship course)과 개인 및 집단상담지도(supervision) 경험이 있어야 한다. 따라서 상담자는 상담에 대한 이론과 실제를 위한 "수퍼비전(supervision)"이 필요하다.

Intake Counseling에서 상담자는 내담자의 말의 강약, 음폭, 말의 멈춤과 쉼, 그리고 외모(옷차림, 화장), 그리고 한숨 소리, 상담소에 들어오기 전후 발걸음을 통해서도 자신의 감정 상태와 현재 정신건강 상태를 진단해야 한다.

2. Intake Counseling 실제

Intake Counseling은 본 상담에 앞서서 이루지는 상담으로써 3분에서 5분 전후에 신속하게 이루어져야 한다. 이 때에 상담자는 내담자의 외모, 걸음걸이 인사하는 태도, 눈빛, 심리적 안정, 음성의 고조, 한숨 소리, 손동작 등에 대해서 관찰해야 한다.

1) 상담소에 들어오기 전 Intake Counseling

Intake Counseling은 내담자를 상담실 안에서 기다리는 것이 아니라 내담자를 마중 나가야 한다. 마치 자신의 집에 귀한 손님을 맞이할 준비를 하는 것과 같다. 상담자는 내담자가 상담실 안으로 들어오는 그 전부터 상담소 건물 안 밖에서 내담자를 볼 수 있다면 더욱 유리할 것이다.39)

상담자는 내담자가 상담을 받으러 상담소에 들어오는 모습에서부터 또는 상담을 요청하는 전화 통화에서부터 내담자의 말투, 음성, 자신의 이야기 전개, 감정 수준 등을 관찰해야 한다. 내담자가 상담소 건물 안으로 들어서면서 자연스럽게 들어오는지 그렇지 않은지에 대한 관찰을 하는 것은 Intake Counseling이다.

2) 상담소에 들어오는 모습에서의 Intake Counseling

상담자는 내담자가 상담소에 들어오기 전에 모습을 관찰했다면, 상담소에 들어오는 모습에서 내담자가 상담실에 들어오기 전에 모습과 비교할 수 있을 것이다. 이때에 상담자는 내담자의 모습과 태도의 변화를 세밀하게 비교해야 한다. 상담자는 상담실에 들어오기 전에 관찰했던 내담자와 상담실에 들어와서 관찰되어지는 모습사이에서 재통찰을 하는 것이다. 이때 상담자는 처음 내담자를 통찰했던 부분과 많이 다르다고 생각되면 내담자에 대한 정

---

39) 상담소의 공간이 내담자가 상담실에 오는 것을 지켜볼 수 있다면 Intake Counseling에 유리한 조건이 된다.

보를 수정해야 한다. 또는 내담자가 상담요청 초기에 목
소리와 상담실에 와서 이야기하는 음성을 비교함으로써
Intake Counseling을 할 수 있다.

3) 내담자의 외모에 대한 Intake Counseling

상담자는 내담자의 외모에 대해서 잘 관찰해야 한다.
인간의 외모는 일반적으로 마음의 표현일 때가 많다. 따
라서 내담자의 외모가 단정한지, 그렇지 않은지, 연령에
맞는 코디인지, 전체적인 조화를 이루고 있는지, 색감은
안정적인지를 관찰해야 한다. 특별히, 여자 내담자 경우
에는 화장한 모습에 대해서 관찰해야 한다. 화장한 내담
자의 모습이 나이와 직업에 조화를 이루고 있는지, 화장
술이 보기에 너무 진한지, 의상과 조화를 이루고 있는지
를 살펴야 한다. 더 나아가서 상담자는 내담자의 "hair
style, 안경 모양"에도 주목해야 한다. 즉, 내담자의 머
리가 단정한지 현재 유행과 어떠한 조화를 이루고 있는
지, 연령과 직업에 조화성은 어떠한가를 관찰해야 한다.

대부분 사람은 무의식적으로 자신의 마음 상태에 따라서
자신의 외모를 꾸미기 때문이다.

4) 상담요청서를 통한 Intake Counseling

일반적으로 상담이 성립되는 과정 중 하나가 내담자
가 상담을 위한 요청서를 기록하게 된다. 이때 내담자의
객관적인 정보를 기록하게 된다. 예를 들면, 내담자가 기
록해야 할 부분은 성별, 나이, 직업, 학력, 현주소, 연락
처, 현재 자신의 감정과 심리적 상태, 그리고 상담받고
싶은 내용에 대한 요약 등이다. 상담자는 내담자의 이러
한 기본적인 기록을 미리 보게 된다. 상담자는 내담자의
상담요청서를 보면서 Intake Counseling을 준비할 수 있
다. 여기에서도 상담자는 내담자의 관심과 관계를 형성
할 수 있는 부분을 찾아내어야 한다.

상담요청서에 의한 상담자의 관찰은 내담자와의 관계
형성에 도움을 주는 수준에서의 Intake Counseling이다.
상담자는 내담자의 기본적인 정보를 세밀하게 관찰하면서
내담자의 말문을 열어야 한다. 예를 들면, "연령대가 같

다든지, 현주소가 같은 동네라든지 내담자가 살고 있는 동네의 지역적인 부분에 공감할 수 있는 부분을 언급하든지, 또한, 전화번호 뒤 자리가 같다든지, 글씨를 잘 썼다든지," 등 아주 단순한 것에서부터 의미 있는 부분들에 대해서 관찰해야 한다. 이것이 상담자가 Intake Counseling에서 주목하고 관찰할 부분이다.

상담자는 내담자가 상담요청서를 기록하는 자세와 태도 등을 관찰하는 것 또한 Intake Counseling이다. 상담요청서를 기록하는 자세와 태도가 자연스러운 것과 부자연스러운 것에 대한 관찰 역시 상담 진행에 도움을 줄 수 있는 자료가 되기 때문이다.

5) 상담자 자신을 위한 Intake Counseling

상담자가 내담자를 맞이한다는 측면에서 첫인상은 매우 중요하다. 내담자가 상담자를 만나는 순간 따뜻하고, 포근함, 정감을 줄 수 있다면 초기상담에 효과적이다.

상담자 자신을 위한 Intake Counseling은 내담자

에게 주는 첫인상이 너무 야하거나 혐오스러워서는 안
된다. 또한, 상담자는 고가의 시계나 반지, 옷차림 그리
고 장신구(accessory) 등의 착용에 주의해야 한다. 상
담자는 자신의 취향을 내담자를 위해 조절할 수 있어야
한다.

3. 마음코칭 4단계

필자가 Ⅱ. 장에서 반복적으로 강조했던 감정 · 심리코칭의 4단계이다. 각 단계는 1단계 마음 보기, 2단계 마음 격려, 3단계 마음 담기, 4단계 마음 다짐 단계이다. 다문화 상담은 상담의 구체적인 기법과 전략 이전에 내담자의 심리코칭이 중요하다.

1단계 마음 보기

'**마음 보기**' 단계는 자신의 문제에 대해 사실관계를 보고, 그 문제의 원인이 어디서 왔는지, 어디서부터 시작되었는지, 무엇 때문에 발생되었는지에 대한 인식을 통해 자신의 상한 감정과 상처들을 단계별로 들여다보고 알아차리는 단계이다.

마음보기 (mind looking)	3단계(SLI)
	멈춤(Stop), 들여다봄(Looking), 알아차림(Insight)
	내담자의 내면 감정과 정서에 집중 수정과 제거를 보는 단계

1) 멈춤(Stop)

멈춤은 문제 발생 이후에 반복해서 행동했던 것들을 단계별로 중지하는 과정이다. 예를 들면, '자녀의 문제로 잔소리를 했으나 변화하지 않는 언어와 표현을 중지하고 말을 아끼는 것이다.' 실제로 필자는 이 단계를 상담 처음 시간에 강조하고 있으며, 그 효과는 매우 긍정적이었다. 그 이유는 인간의 본능적인 속성 때문이다. 인간은 반복적인 자극이 있다가 없어지면, 처음에는 이상하게 생각하고 감지한다. 그다음 단계는 좋고 편안한 감정과 함께 불안한 감정이 밀려오게 된다. 바로 그때 자신을 들여다보게 된다.

2) 들여다봄(Looking)

내담자가 자신의 마음을 들여다보는(mine looking) 것은 매우 문제해결에 중요한 point가 된다. 이 과정에서 상담자는 자신의 문제를 구체적, 단계별, 상황별, 주제별로 들여다볼 수 있도록 심리코칭해야 한다. 이 단계에서 상담기술은 수정과 제거[40]와 같은 기술이 필요하다. 예를 들면, 자신의 상황과 환경과 여건을 직시하면서 바꿀 수 있는 것과 바꿀 수 없는 것에 대한 것을 명료화하여 인지적으로 수용하고 알아차리도록 코칭해야 한다.

3) 알아차림(insight)

알아차림은 자신의 상황과 문제에 대해 구체적으로 인식하고 통찰하는 과정이다. 자신의 상황과 문제 그리고 마음에 대해 새로운 직면을 하고, 그 의미를 재조명하는 과정이다. 또한, 이전에는 인식하지 못하였던 자신의 심적

---

40) 수정과 제거는 자신의 문제에 대해 고칠 부분과 없애야 할 부분에 대해 조언하고 권고하되 때로는 전문성을 가지고 설득하고 지시해야 한다.

상태를 알고 바로 잡는 것으로 마음의 *re-orientation* 과 정이다.

2단계 마음 격려

'마음 격려' 단계는 '마음보기' 단계에서 알게 된 문제에 대해 재구성하고 객관화한 것에 대해, 표현된 다양한 감정, 정서, 욕구, 문제의 해결을 하려는 과정에서 발생했던 실수한 부분까지도 격려받는 단계이다. 이 단계에서는 스스로 자신의 문제를 객관화하고, 재조명하면서 문제의 해결을 위해 수정, 보완할 수 있는 동기를 마련할 수 있도록 상담자의 격려와 내담자 스스로가 자신을 위로하고 격려하는 단계이다.

마음 격려 (mind encouragement)	3단계(EEC)
	감정(Emotion), 표현(Expression), 위로(Comfortment)
	수정, 보완을 위한 동기 마련

1) 감정(Emotion)

내담자들은 마음보기 단계에서 자신의 다양한 감정과 정서(불안, 걱정, 분노), 그리고 욕구, 억지 등을 보고 인지하게 된다. 상담자는 그동안 분산되었던 다양한 감정들에 대해서 격려하는 것이 중요하다. 상담에 있어서 중요한 것은 내담자가 쏟아내는 부정적인 감정들을 비판하지 않고 격려하는 것이 중요하다.

2) 표현(Expression)

내담자는 자기입장에서 합리적인 표현을 하게 된다. 대부분 내담자가 표현하는 것은 자신의 상황과 처지에서 최선의 선택이며 행동이었다고 이야기한다. 이 단계에서 상담자는 내담자의 표현에 대해 무조건적인 긍정으로 격려해야 한다. 그럴 때 내담자가 자신의 깊은 속 이야기 즉, 본심을 표현할 수 있게 된다. 이 과정에서 내담자는 무의식적 감정과 사고, 인식에 대해서도 표현하게 된다. 이때 상담자의 전문적이고 객관적인 설명과 해석이 요구된다.

3) 위로(Comfortment)

내담자가 자신의 감정, 즉 속사정을 표현했을 때 상담자는 조건 없는 위로해야 한다. 상담자는 이 과정에서 따뜻한 말이나 행동으로 괴로움을 덜어 주거나 슬픔을 달래 줄 수 있어야 한다. 진정한 위로는 위안이 되고 정서적 안정이 되는 지름길이다. 공감적 위로는 치유의 시작이자 완성이 될 수 있다.

3단계 마음 담기

'**마음 담기**' 단계에서는 문제에 대한 수정 보완을 위해
명확한 용어로 요청을 한다. 요청된 것 중 최우선
의 과제를 선택하고 문제해결을 위해 실천을 구상
하는 단계이다. 문제해결을 위해 자신 안에 담을
것을 탐색하는 단계이다. 상담자는 내담자의 문제
해결을 위해 무엇을 담을 것인가? 즉, 인지적 언어
적·정서적·행동적으로 실천하여 담을 것이 무엇
인지를 분명히 하고 도움을 주는 단계이다. 이때
상담자는 전문성을 가지고 설득하고 내담자는 신뢰
성을 가지고 실천하는 것이 중요하다.

마음 담기 단계 (mind filling)	3단계(RCP)
	요청(Request), 선택(Choice), 실천(Practice)
	문제해결을 위한 요청, 선택, 실천을 구상함

1) 요청(Request)

요청은 내담자가 마음 보기, 격려 단계를 통해서 재구성한 것, 다시 명료화한 부분에 대해 다지고 담기 위해 요구하는 과정이다. 예를 들면, '나는 이러한 부분을 요구합니다. 이렇게 되었으면 합니다. 또는 이렇게 할 것입니다. 이렇게 해야 합니다.' 이에 대해 상담자와 내담자 사이에 진정한 대화를 통해 요청하고 요구하는 과정에서 선택해야 할 부분을 정하고 변화를 위해 실천할 것에 대해 진솔하게 이야기할 수 있어야 한다.

2) 선택(Choice)

선택은 상담자와 내담자가 요청과정에서 실현 가능한 것에 대해 진솔하게 이야기한 부분의 내용을 현실적으로 선택하는 과정이다. 선택하는 과정에 버릴 것은 버리고 보완할 것은 채우게 된다. 내담자는 문제해결과 상담목표를 위한 최선의 것을 선택하게 된다. 그러나 선택이 최종목표는 아니다. 선택 역시 수정과 보완이 가능하다는 것을 염두하고 부담 없는 선택이 되어야 한다. 부담 없는 선택이라고 해서 쉽게 선택하지 않도록 주의해야 한다.

3) 실천(Practice)

실천과정은 신속한 것도 중요하지만 계획성 있는 실천이 더 중요하다. 계획성 있는 실천은 전략적이고 체계적이어야 하며, 타이밍이 중요하다. 타이밍은 적절한 시기에 말하고 행동하는 것이다. 필자의 상담사례에서 보면, 적절치 못한 타이밍은 오히려 부정적인 결과를 가져오게 되고, 타이밍을 놓치게 되면 문제해결이 원점으로 돌아가거나 더 악한 상황에 놓이게 되는 경우가 있었다. 따라서 상담자와 내담자의 실천 타이밍은 신중하게 협의하고 시도해야 한다.

4단계 마음 다짐

'**마음 다짐**' 단계는 삶에 적용한 후 변화된 자신의 모습을 객관화해서 살펴보고 설명하는 과정에서 긍정적으로 해석하는 단계이다. 이 단계는 변화된 부분이 문제해결과 상담목표와 얼마나 부합되는지를 설명하고 해석하게 된다. 그리고 변화된 것이 얼마나 부족한 부분이 있는지에 대해 진단하고 해석하는 과정이다. 이 과정에서 내담자가 결심하고 다짐하는 부분을 정리하고 성장을 기대하는 단계이다.
4단계에서 분명한 변화가 없다면 1단계부터 다시 점검할 필요가 있다.

마음 다짐 단계 (mind promise)	3단계(ACI)
	적용(Application), 변화(Change), 해석(Interpretation)
	자신의 성장을 위한 적용, 변화, 해석의 과정

1) 적용(Application)

적용과정은 3단계에서 선택한 부분에 대한 적용이다. 적용과정은 내담자 스스로 적용하는 부분도 있지만, 상담자의 도움을 통한 적용도 있어 분명한 명분과 상담자의 전문성과 임상적 경험을 동반한 냉철한 판단이 요구된다.

2) 변화(Change)

변화는 인지적 변화, 정서적 변화, 환경적 변화, 상황적 변화뿐만 아니라 신체적 변화가 중요하다. 최우선적으로 점검하는 부분이 신체적 변화 정도이다. 신체적인 변화를 기초로 하여 정서적, 인지적 변화, 또는 인지적, 정서적 변화를 기대하고 점검하는 가운데 상담을 진행한다.

3) 해석(Interpretation)

심리코칭의 꽃은 해석이다. 내담자가 자신의 문제를 어떻게 설명하고 해석하느냐가 매우 중요하다. 일반적으로 사람은 자신의 문제와 상황을 해결하기 위해 방어기제를 사용하여 해석하게 된다. 필자의 경험에 의하면, 대부분의 내담자들은 처음 회기에서 모든 상황에 대해 자신의 입장에서만 해석하고 분노하고 속상해 한다. 그러나 회기가 거듭되면서 주관적인 해석에서 객관적인 해석으로 발전된다. 부정적인 해석에서 긍정적인 해석으로 불평하는 부정적 해석에서 감사의 긍정적 해석으로 변화를 보이게 된다.

해석은 문자적 해석, 언어(wording) 그 자체적 해석, 은유적 해석, 상징 언어 해석, 방어기제 해석 등 다양하게 해석할 수 있다. 이 해석은 내담자의 진실 여부에 따라 한두 가지의 해석과 다양한 해석을 융합적으로 할 수 있다.

그러므로 상담자의 해석능력은 전문성과 비례하며, 상담사례 경험과 비례하게 된다. 따라서 상담전문가는 많은 경험과 수퍼비전이 필수이다.

4. 감정코칭 기술

감정코칭 기술 3단계는 감정 털기(내담자)=감정 읽기
(상담자), 감정 분석(내담자)=감정 안내(상담자), 감정 정
돈(내담자)=감정 지시(상담자)41) 단계가 있다. 필자가
30년 동안 상담 현장에서 경험한 바에 의하면, 상담자는
내담자의 속상한 마음을 부담 없이 자연스럽게 털어놓을
수 있도록 감정을 공감하면서 읽어 주는 상담자의 역할이
중요하다. 내담자가 속상한 감정들에 대해 속 시원히 털어
버릴 때 그 심정을 읽어 주는 공감 능력이다. 그다음 상담
자의 감정코칭기술 1단계는 내담자가 자신의 깊은 마음,
상한 마음, 속상한 마음을 구체적으로 자세히 분석할 수 있
도록 상담자가 전문성을 가지고 안내하는 것이다. 그리고
3단계는 내담자 마음에 새로운 정서와 감정, 의지들이 정
리 정돈될 수 있도록 돕는 것이다. 이때 상담자의 역할은
위로와 격려와 함께 전문성과 임상경험을 기초로 감정 지

41) 심리 실험이나 검사에서, 내담자에게 문제를 푸는 방식을 제시하는 일.

시의 역할이 필요하다.

1단계

감정 털기(내담자)	감정 읽기(상담자)
분노 감정 / 억울한 감정 억압 감정 / 피해 감정	공감 / 수용 / 맞장구 (내담자 중심)

2단계

감정 분석(내담자)	감정 안내(상담자)
문제 발생 / 발생 원인 문제 해결 과정	행동 조언/ 권면 (구체적)

3단계

감정 정돈(내담자)	감정 지시(상담자)
재명명 /재구조화 re-information	전문성 / 임상경험 (객관적)

5. 상담사례 개념화 12단계

상담사례 개념화 12단계 The Stage 12 of the Counseling Case Conceptualization			
개발자 : Dr. Sang In Kim (Ph.D.)			
Level	Stage	Key Word	상담사례 개념화 내용
Intake Counseling	1	관찰 (*Observation*)	내담자가 자신의 문제를 바라보는 태도 관찰
	2	분석 (*Analysis*)	문제호소에 대한 언어적 or 비언어적 표현 분석
	3	인식 (*Awareness*)	문제 인식과 신체, 정신, 정서(감정) 손상수준 점검
	4	수집 (*Collection*)	내담자가 처해 있는 환경과 상황 수집
Insight Counseling	5	이해 (*Understanding*)	문제에 대한 설명과 해석, 수용과 이해
	6	탐색 (*Searching*)	내담자 안에 있는 'Playing' 와 'Creative-self' 탐색
	7	점검 (*Checking*)	내담자가 자신의 문제 해결 부분 점검 및 보완
	8	진단 (*Diagnosis*)	내담자 안에 있는 열등감 및 우월추구 에너지 진단
Impact Counseling	9	수정 (*Repairing*)	내담자의 익숙한 생활양식과 부적응 태도 수정
	10	재조정 (*Reorientation*)	내담자의 시각(관점) 재조명 및 재조정(*reorientation*)
	11	전략 (*Strategy*)	내담자의 문제해결을 위해 사용할 수 있는 자원 활용전략
	12	코칭 종결 (*Coaching*)	내담자의 전인성장을 위한 코칭 종결

6. 상담사례 개념화 12단계 Key Word

Intake Counseling	Insight Counseling	Impact Counseling
관찰 (*Observation*)	이해 (*Understanding*)	수정 (*Repairing*)
분석 (*Analysis*)	탐색 (*Searching*)	재조정 (*Reorientation*)
인식 (*Awareness*)	점검 (*Checking*)	전략 (*Strategy*)
수집 (*Collection*)	진단 (*Diagnosis*)	코칭 종결 (*Coaching*)

1) Intake Counseling 4단계

1단계(관찰) 내담자가 자신의 문제를 바라보는 태도 관찰

2단계(분석) 문제호소에 대한 언어적/비언어적 표현 분석

3단계(인식) 문제 인식과 신체, 정신, 정서(감정) 손상수준
점검

4단계(수집) 내담자가 처해 있는 환경(environment)과 상
황(situation) 수집

2) Insight Counseling 4단계

5단계(이해) 문제에 대한 설명(explanation)과 해석(interpretation)
수용과 이해
6단계(탐색) 내담자 안에 있는 Playing와 Creative-self 탐색
7단계(점검) 내담자가 자신의 문제해결을 위해 노력했던
부분 점검 및 보완
8단계(진단) 내담자 안에 있는 열등감 및 우월추구 에너지 진단

3) Impact Counseling 4단계

9단계(수정) 내담자의 익숙한 생활양식(style of life)과 부적
응 태도 수정
10단계(재조정) 내담자의 시각(관점) 재조명(reorientation)
11단계(전략) 내담자의 문제해결을 위해 사용할 수 있는
자원(resource) 활용전략
12단계(코칭 종결) 내담자의 전인성장(wholeness growth)을
위한 코칭 종결

VI. 상담의 실제

**Practice of
Counseling**

1. 상담기술

1) 상담구조화

상담구조화는 효과적인 상담결과를 위한 필수 과정이다. 상담구조화는 상담자가 내담자를 체계적으로 돕기 위한 협의이자 약속이다. 상담자는 내담자에게 상담진행에 대한 전반적인 과정을 안내하고 협의해야 된다. 상담자는 상담의 시작단계에서부터 마무리하는 시간까지 진행되는 과정에 대해 내담자에게 설명하고 동의를 얻어 협의한 것에 대해서 성실하게 상담을 진행할 책임이 있다. 따라서 상담자는 충분한 시간을 가지고 내담자와 협의하에 상담구조화를 해야만 한다.

상담구조화는 상담의 유형, 상담 시간, 상담 회기 및 내용, 상담 장소, 상담자 선택, 상담비용, 상담자의 역할과 책임, 내담자의 역할과 책임에 대해서 안내하고 설명하는 것이다. 내담자의 권리와 비밀보장, 상담에 있어서 일반복지와 비밀보장, 심리검사, 상담의 목표, 보조 상담자 참여, 그리고 상담과정의 녹취 및 녹화에 대해서 충분한 논의와 협의를 한다. 그리고 상담자는 협의된 사항에 대해 필요한 부분은 내담자의 서명을 받는다.

* 현행법에 의거하여 개인신상정보 수집 동의서는 반드시 받아야 한다.

상담의 구조화는 병원에서 환자의 입원과 치료, 수술 스케줄, 회복과 퇴원과정과도 비교할 수 있다. 상담과정은 외과수술 과정과 흡사하다. 상담구조화는 상담의 효과성을 높이게 된다.

(1) 상담의 유형

상담자는 내담자에게 앞으로 진행될 상담유형 즉, 개인상담을 비롯하여 가족상담 진행여부, 비대면 상담인 전화상담 진행의 필요성, 이메일상담, 사이버상담, 핸드폰 문자상담, 카카오톡(kakaotalk)상담 등에 대해 안내해야 한다. 내담자의 문제해결을 위한 상담유형에 대해서는 좀 더 구체적인 설명과 협의를 하고 진행해야 한다. 예를 들면, 전화상담할 시간, 가족이 함께해야 할 시기와 이유 등에 대한 부분이다. 위기상담에 있어서 상담유형과 시기는 신중하게 결정한다. 특별히, 내담자의 상담근거가 남게 되고 노출되면 안 되는 상담, 그리고 문자, 이메일, 카카오톡, 전화 기록이 남는 상담 등이 그렇다.

(2) 상담회기(시간) 및 내용

상담자는 초기상담(intake counseling) 후 내담자와 상담회기를 협의하게 된다. 상담자는 내담자의 정서적 상태와 문제 정도를 고려하여 전문가 입장에서 회기를 제시할 수 있다. 상담회기는 3회기, 5회기, 10회기, 12회기, 15회기 등 내담자와 협의한다. 상담자는 내담자에게 각 상담회기에서 진행될 상담내용에 대해서 안내한다. 예를 들면, 1회기 감정읽기 및 털어놓기, 2회기 가족배경 탐색, 가계도, 3회기 심리검사 등 상담회기 내용에 대해서 간략하게 설명을 하고 협의한다.

상담자는 내담자의 연령과 환경을 고려하여 상담 시간을 협의한다. 상담 시간은 보통 50분을 기준으로 진행된다. 청소년은 학교 수업 시간에 준하여 초등학생 40분, 중학생 45분, 고등학생은 50분으로 진행하는 것이 효과적이다. 그러나 상담내용에 따라 가감할 수 있다. 상담이 진행됨에 있어 내담자의 정서적 반응과 효과성을 위해 10분 전후로 더 진행할 수 있다. 반대로 상담자의 전문성과 내담자의 요구에 따라 10분정도 일찍 마칠 수도 있다. 이 부분에 대해서 상담자는 상담을 시작하기 전에 충분히 설명하고 협의한다.

(3) 상담 장소

상담 장소는 상담실을 원칙으로 한다. 그러나 가끔 내담자가 제2의 장소를 이야기할 때가 있다. 예를 들면, 커피숍, 공원, 심지어는 자신의 집 또는 사업장 등 다양하게 제시할 수 있다. 그러나 상담 장소는 자신이 근무하는 상담실에서 한다는 원칙을 지켜야 한다. 다만 상담 장소의 원칙이 예외가 될 때가 있다. 즉, 내담자가 장애인이거나 노약자일 경우에는 방문상담이 가능하다. 또한, 갑자기 사고로 인해 거동이 불편할 경우이다.

특별한 경우, 상담자의 전문성에 근거하여 야외 장소를 선택할 수도 있다. 예를 들면, 우울증이 심한 경우 햇빛을 보는 것이 도움이 된다고 판단될 때이다. 그러나 이때 상담자 혼자 가는 것은 피해야 한다. 보조 상담자가 함께 하거나 가족이 함께 하는 것이 효과적이다. 그 이유는 돌발적인 상황이 벌어질 수 있기 때문이다.

(4) 상담자 선택과 의뢰상담 안내

상담자는 내담자에게 상담자를 선택할 기회를 주어야 한다. 대부분 내담자는 처음 상담을 시작한 상담자와 상담을 진행하게 되는 것이 통상적이다. 상담자는 초기상담을 하면서 내담자의 문제의 경중을 진단하여 상담자 선택에 도움을 주어야 한다. 상담실에 총 책임자 즉, 소장, 센터장,

수퍼바이저는 자신의 상담실에 있는 상담사들의 전문성에 대해서 안내하고 내담자에게 도움을 줄 수 있는 상담자를 선택할 수 있도록 안내하고 도움을 주어야 한다.

상담자는 상담구조화를 하는 과정에서 내담자의 상태를 진단해서 자신의 상담실에서 감당하기 어려운 내담자에 대해 그 사실을 내담자에게 알려야 한다. 뿐만 아니라 상담자는 내담자를 도울 수 있는 다른 상담실 또는 상담자에게 의뢰해야 한다. 다른 상담실로 의뢰할 때에 내담자와 충분히 상의하고 협의하여 의뢰할 상담소와 상담자를 찾아보고 안내해야 한다.

다른 상담소(자)가 결정이 되면 내담자와 협의하여 그동안에 진행되었던 상담진행 자료에 대해서 제공할 수 있다. 이 부분은 내담자와 충분히 상의해야 한다. 상담자는 내담자의 상태와 상담사들의 전문성을 고려하여 윤리적으로 잘 판단해야 한다.

상담자는 자신의 상담실에서 감당할 수 없는 내담자에 대해서 상담료와 상담실습 때문에 그냥 상담을 진행하는 비윤리적인 행위를 해서는 안 된다. 단, 그 분야의 전문적인 수퍼바이저에게 수퍼비전42)을 받으면서 진행할 수는 있다. 이 역시 상담 윤리적 측면에서 내담자에게 충분히 설명하고 협의하에 진행해야 한다.

(5) 유료상담과 무료상담 이해

상담비용은 원칙적으로 선불을 받는 것이 상담 효과성에 도움을 준다. 내담자가 상담료를 선금으로 내는 경우와 그렇지 않는 경우 내담자가 상담에 임하는 자세가 다르기 때문이다. 따라서 상담비용은 선불을 추천한다. 때로는 내담자가 부담이 안 된다면, 전체회기의 상담비용을 일시불로 받는 것도 상담의 효과성을 높일 수 있다.

내담자가 상담료를 선불로 지급하고 상담을 진행하게 되면 내담자가 상담에 임하는 자세와 태도가 적극적이 되면서 내담자 스스로가 상담을 하게 된다. 이것은 내담자에게 있어서 Self-counseling이 되는데 도움이 된다.

---

42) Supervision이란 상담에 대한 풍부한 전문성과 임상적 경험을 가지고 있는 Supervisor가 Supervisee에게 상담심리치료 기술을 증진시키기 위해서 실시하는 임상과정을 의미한다(M.C. Gilbert & K. Evans, 19).

공공 상담소는 대부분은 무료상담을 진행하고 있다. 예를 들면 가정폭력관련상담소, 성폭력관련상담소, Wee Class, Wee Center, Wee School, One-Stop, 청소년상담실, 한부모가족지원센터 등 국가로부터 허가를 받아 운영하는 공공기관이다. 상담비용의 유료와 무료에는 장단점이 있다. 무료상담은 내담자에게 경제적인 비용 부담은 없지만 유료상담에 비해 내담자가 스스로 노력하는 부분에 있어서 소극적인 자세가 될 수 있다는 측면에서 단점이 된다.

무료상담의 단점을 보완하는 방법은 상담시간을 지키는 것과 약속된 회기를 잘 이해할 수 있도록 하는 것이다. 즉, 내담자가 적극적인 자세로 상담에 임할 수 있도록 상담의 구조화를 잘해야 한다. 무료상담으로 진행되는 다문화가족상담은 시간과 장소, 그리고 회기에 대한 구조화를 통해서 내담자의 적극성을 이끌어낼 때 상담의 효과를 줄 수 있다.

(6) 상담자의 역할과 책임

상담자는 내담자에게 자신의 전문성과 역할에 대해서 설명하고 안내할 의무가 있다. 상담자의 역할과 책임은 내담자에 대한 정확한 진단, 평가, 인도, 정서적 지지 등이다. 상담자는 내담자를 돕는데 객관적이어야 한다. 상담자의 감정이나 주관적인 생각보다 우선되어야 할 것은 객관적인 전문성을 토대로 한 접근이며 판단이다. 상담자는 전문적인 이론과 임상경험(수퍼비전) 등에 근거하여 내담자를 도와주어야 하는 책임이 있다. 상담자의 전문성이 내담자의 상담결과에 지대한 영향을 주는 만큼 상담자는 자신의 역할과 책임에 충실해야 한다.

(7) 내담자의 역할과 책임

상담자는 상담이 진행되는 과정에서 내담자가 해야 할 역할과 책임에 대해서 인지시켜야만 한다. 상담과정에서 내담자가 자신의 역할에 대해서 얼마나 충실하게 임하느냐는 상담의 효과성에 지대한 영향을 주게 된다. 상담자는 상담 진행 과정에서 내담자가 어떠한 태도로 임해야 하는지에 대해 충분히 설명하는 것 또한 상담자의 역할이다. 내담자의 역할과 책임은 상담자의 역할과 책임만큼 중요하다.

상담자는 내담자에게 상담이 진행되는 기간 동안에 상담소 안과 밖에서 적극적으로 협조할 수 있도록 주지시켜야 한다. 상담자는 내담자에게 바람직한 태도와 행동, 그리고 상담의 당사자로서 책임의식, 솔직한 자기표현을 할 수 있도록 도와주어야 한다.

내담자가 상담진행에 있어서 어려움이 있어도 상담을 계속 진행하는 것과 상담의 구조화한 것에 대한 약속을 준수할 것을 순간순간 의식할 수 있어야 한다.

내담자는 상담자를 신뢰함으로써 상담자가 회기 중에 제시하는 과제에 대해 충실해야 한다. 상담을 준비하는 내담자의 적극적인 자세와 역할은 상담의 효과성을 극대화할 수 있다.

(8) 내담자의 권리와 비밀보장

상담자는 내담자의 상담자 선정 및 교체 요구의 권리를 존중해야 한다. 상담자는 상담진행에 대한 내담자의 질문과 협상의 권리를 존중해야 한다. 상담자는 내담자가 상담 회기, 시간, 비용, 등에 관련된 권리를 행사할 수 있음을 존중해야 하는 가운데 상담의 구조화를 해야 한다. 상담자는 내담자의 상담내용에 대해 비밀을 지켜야만 한다. 상담자의 비밀누설은 법적 처벌과 상담 윤리적 책임을 져야 한다.

(9) 비밀보장과 일반복지

상담자는 내담자의 상담내용에 대한 비밀보장을 절대적으로 보장해야 한다. 내담자는 자신의 상담 전 과정에 대해 비밀을 보장받을 권리가 있다. 따라서 상담자는 내담자가 우려하는 다양한 노출과 자신의 비밀에 대한 두려움에 대해서 보장받을 수 있도록 조치하고 제한할 수 있어야 한다. 상담자는 내담자를 보호할 의무와 책임이 있기 때문이다.

그러나 상담자는 내담자와 내담자 주변사람들이 일반복지에 대해 위협을 받게 될 경우 비밀보장을 파괴할 수 있다. 예를 들면, 내담자가 자살을 시도할 것이라는 내용, 다른 사람을 해치겠다는 말과 의도에 대해서는 비밀보장을 파괴할 수 있다. 또한, 미성년자 상담은 일반복지 차원에서 부모나 교사가 알아야 할 부분도 있다. 내담자의 비밀보장 파괴는 내담자 스스로가 이야기할 수 있도록 하는 것이 가장 이상적이다. 이와 같이 내담자의 비밀보장은 생명의 위협이나 타인을 해치는 부분의 내용에 대해서는 일반복지를 위해서 비밀보장을 파괴할 수 있다.

(10) 상담의 목표

상담의 목표는 단기목표와 장기목표로 협의할 수 있다. 단기목표가 지금 당장 필요한 내담자의 요구라면, 장기목표는 내담자가 최종적으로 회복하고 성장해야 할 부분이다. 상담자는 상담의 목표에 대해서 내담자와 충분히 상의한 후 결정하고 합의해야 한다. 상담자는 내담자의 문제와 상황을 잘 고려하여 상담목표를 정하고 진행해야만 한다.

상담자는 내담자와 협의된 목표를 진행하되 상담을 진행하
는 가운데 상담의 효과성을 위해 내담자와 협의하여 수
정·보완할 수 있다.

(11) 보조 상담자 참여 여부

상담자는 내담자를 돕기 위한 보조 상담자 참여 여부를
내담자와 충분히 논의할 수 있다. 상담자는 내담자의 문제
해결에 도움을 줄 수 있는 다른 전문가 또는 상담자가 함
께 상담을 진행할 수 있음을 설명하고 안내할 수 있다. 따
라서 상담자는 내담자에게 도움이 되는 전문가 즉, 사회복
지사, 정신과 의사, 놀이치료사, 미술치료사, 음악치료사,
임상심리사 그리고 종교지도자 등 다양한 분야에 협력할
수 있는 전문 인력을 확보해야 한다.

(12) 상담내용 녹취와 녹화

상담자는 필요하다면 상담내용을 녹취 및 녹화할 수 있
다. 그러나 반드시 내담자의 동의가 있어야 하며, 상담자는

내담자에게 될수 있는대로 서면으로 동의받아야 한다. 상
담자는 상담내용에 대한 녹취와 녹화의 목적을 내담자에게
말해주어야 하며, 그 목적이 끝나면 폐기해야 한다.

(13) 상담종결

상담종결은 각 회기종결, 조기종결, 상담전체 종결로
구분된다. 각 회기종결은 그 회기에 대한 종결과 다음 회기
를 위한 준비 종결로 설명된다. 조기종결은 상담구조화에
서 정한 상담회기를 다 마치지 않고 미리 종결하는 것이다.
조기종결상담은 상담자의 전문성과 내담자의 회복 및 변화
수준의 정도를 고려할 수 있다. 즉, 상담회기가 남은 상태
에서 내담자의 정서적 안정과 회복이 있을 경우에 내담자
가 조기종결을 원할 때, 또는 상담자의 전문성을 근거로 내
담자의 상태를 고려해 볼 때 조기종결을 해도 내담자에게
무해할 경우 조기종결할 수 있다. 그러나 조기종결은 내담
자의 입장을 충분히 고려하여 신중히 해야 한다.

상담전체 종결은 상담자와 내담자 사이에 정한 회기를
마친 경우이다. 정한 상담회기를 다 마쳤을 때 내담자의 요

구와 상담자의 전문성으로 협의하여 상담을 더 진행할 수 있다. 그러나 두 번 이상은 회기를 더 하지 않는 것이 좋다. 두 번에 회기를 진행했음에도 불구하고 상담의 효과가 없을 때 다른 상담자에게 의뢰하는 것에 대해서 신중하게 논의해야 한다. 이 부분은 수퍼바이저와 상의하여 결정하는 것이 좋다.

2) 사실 파악 · 준비

상담에 있어서 사실파악(fact)에 대한 준비는 내담자를 위한 최상의 서비스를 하기 위한 일차적 기법이다. 상담자는 내담자에 대한 정신적 · 정서적 사실파악이 중요하다. 내담자가 처해 있는 상황과 환경에 대해 사실을 파악해야 한다. 즉, 내담자가 지금 어떠한 상황인지에 대한 객관적인 사실파악이다.

사실파악 이후에 상담자는 내담자를 위해 상담준비를 해야 한다. 상담자는 내담자에 대한 객관적인 사실파악에 대해서 그에 따른 상담에 필요한 준비를 해야 한다. 준비는 문제에 대한 전문적 이론 준비, 상담사례, 그리고 상담자가 어떻게 라포형성할 것인가? 처음 어떠한 말로 상담을 시작할 것인가? 에 대해서 준비해야 한다.

상담자가 내담자에 대한 정보수집에서 우울증이라는 사실을 파악했다면, 그에 따른 준비를 해야 한다. 상담자는 우울증 치료에 대한 기본정보, 원인과 증상, 그리고 검사지 등을 준비해야 한다.

내담자의 사실적 정보는 상담의 효과를 높이는 데에 도움이 된다. 따라서 상담자는 그에 따른 체계적인 준비를 해야 한다. 그러나 상담자는 상담 전 알게 된 사실에 대해 편견과 선입견을 주의해야 한다. 또한, 상담자는 내담자의 사실이 왜곡된 것인지, 방어기제를 사용한 것인지, 또는 정신병리적인 것인지 등을 잘 고려해서 상담을 진행해야 한다.

3) 관찰 · 준비

관찰은 내담자의 목소리 톤, 속도, 음성 떨림, 표정, 발걸음, 손 움직임, 의상, 그리고 코디 등이 얼마나 사실파악과 관련이 있느냐에 대한 것이다.

상담자는 객관적인 사실파악을 근거로 내담자를 순간순간 관찰하고 분석해야 한다. 즉, 우울증으로 사실파악이 된 내담자에 대해서 우울증적 언행을 얼마나 나타내고 있는지 관찰해야 한다. 내담자의 우울증 사실파악에 대해 상담자의 관찰과 일치한다면, 상담자는 우울증에 대한 상담준비를 해야 한다. 이렇게 될 때에 상담자는 내담자에게 체계적인 상담서비스를 제공할 수 있게 된다. 그러나 일차적 사실파악과 준비와는 다르게 상담자의 관찰결과 차이가 있다면, 상담자는 순간 일차적으로 준비한 상담진행에 대해 수정하고 보완하여 상담준비를 다시 해야 한다.

상담에 있어서 관찰기법은 짧은 시간에 내담자가 눈치채지 못하게 내담자의 정서적 상황을 파악하는 것이다. 상담자는 매순간 내담자의 음성, 말투, 억양, 자주 쓰는 단어, 얼굴표정, 의상, 머리 스타일, 장신구(accessory) 등을 관찰해야 한다. 이러한 외형적인 관찰로 내담자의 정서와 감정 진단에 도움을 얻을 수 있다.

상담자는 내담자의 말과 표정이 일치하는지, 감정표현이 말의 억양과 속도와 일치하는지, 내담자의 현 상황과 의상이 일치하는지, 내담자의 감정과 코디가 어느 정도 매치가 되는지, 이 모든 것이 불일치한다면, 그 심리는 무엇인지를 관찰해야 한다.

일상적으로 내담자가 호소하고 있는 감정과 표현, 언어의 억양, 속도 등이 일치하는 것이 상식이다. 그렇지 않다면, 내담자는 다양한 방어기제를 사용하고 있는 것인가? 아니면, 자신의 감정을 적절히 표현하는 능력이 부족인가?, 또는 외향적 내향적 성격 때문인가? 등을 관찰해야 한다. 이러한 세심한 관찰은 내담자의 문제를 진단하고 접근하는 데에 도움이 된다.

관찰기법은 내담자의 언어, 의상, 장신구, 자신의 문제에 대해 표현하는 자세와 태도를 분석하는 것이다. 내담자가 호소하는 정서적 고통, 우울한 상황에 대비되는 감정의 깊이와 넓이를 관찰할 때 내담자의 상태를 진단할 수 있다.

상담자의 관찰은 직관적으로 이루어지기 때문에 주관적인 가치관, 선입견 등을 배제하는 임상적 관찰훈련이 필요하다. 그렇지 않으면 내담자의 감정과 정서에 대해 왜곡하여 이해할 수 있다. 따라서 상담자는 관찰기법에 대한 수퍼비전을 철저히 받아야 한다.

상담자는 상담 진행 과정에서 내담자의 침묵과 멈춤을 잘 관찰해야 한다. 침묵은 상담내용을 말하다가 숙연한 분위기로 약 10-15초 이상 말을 하지 못하고 있을 때이다. 따라서 침묵은 잠시 휴식이나 차를 권하면서 자연스럽게 침묵을 깨드릴 필요가 있다. 멈춤은 자연스럽게 말을 이어가도록 기다려 주어야 한다. 상담자는 내담자의 침묵과 멈춤을 잘 판단하고 관찰해야 한다. 그러나 감정이 격한 상태에서의 침묵은 더 기다려 주어야 하며, 화제유도를 통해서 상담환기를 시킬 필요가 있다.

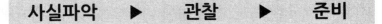

사실파악 ▶ 관찰 ▶ 준비

4) 화제유도

상담에 있어서 화제유도는 본 상담을 하기 전에 상담자가 내담자에게 일상적인 가벼운 안부 및 질문을 통해 대화하는 것이다. 화제유도는 단순하게 내담자의 긴장을 풀기, 워밍업으로 이해할 수 있다. 때로는 화제유도가 내담자의 상황을 탐색하기 위한 것으로 상담자는 질문을 잘 준비해야 한다. 상담자는 화제유도를 위한 다양한 질문으로 대화를 이끌어야 한다.

일반적으로 화제유도는 일상적인 삶의 날씨와 일주일 동안 주로 느꼈던 감정과 정서에 대해서 질문하게 된다. 또한 상담소에 오기 전에 시야에 들어온 도시 풍경 내지는 계절 감각 등을 질문할 수 있다. 그런가 하면 화제유도는 상담 진행 과정에서도 사용할 수도 있다. 내담자가 상담을 받는 동안 급격한 감정표현의 변화로 더이상 상담을 진행하기 어려울 때 분위기 환기차원에서 화제유도를 사용할 수 있다. 이때 화제유도는 차나 음료수를 권하고 마시면서 상담내용이 아닌 다른 주제로 가벼운 대화를 유도하는 것이다.

화제유도는 사전에 준비된 음악을 들으면서 3분에서 5분 정도 감정을 환기시키고자 할 때 사용하는 기법이다. 상담자는 내담자와 가벼운 화제유도 대화를 통해서 정서 탐색을 할 수도 있다.

5) 라포(Rapport)형성

라포(rapport)는 상담자와 내담자 사이에 친밀관계를 의미한다. 상담자와 내담자의 친밀관계는 상담을 원활하게 진행하는 촉진제가 된다. 상담자와 내담자 사이의 따뜻하고 가까운 신뢰관계가 필요하다. 이러한 신뢰관계는 상담의 긍정적인 결과를 가져오게 한다.

상담에 있어서 상담자와 내담자 사이에 라포형성이 되지 않으면 상담의 효과가 떨어지게 된다. 따라서 효과적인 상담을 위한 라포형성 기법은 상담자의 기본 상담기법 이자 고도의 상담기법이다.

라포형성은 내담자가 기록한 상담신청서, 전화 통화로 상담요청을 했을 때 기억되는 것, 또는 특이한 사항 등을 통해서 형성을 할 수 있다. 상담자는 내담자를 초기상담하면서 알게 된 외모, 나이, 고향, 연령대, 기타 등을 통해서 라포형성을 할 수 있다. 상담자는 내담자를 잘 관찰하는 가운데 의미를 부여하면서 라포형성을 해야 한다.

6) 경청(Listening)

경청기법은 라포(rapport)형성과 더불어 상담 결과에 밀접하게 관련되어 있다. 경청은 내담자를 정중하게 똑바로 마주 대하는 것, 열린 자세를 취하는 것, 내담자를 향해 몸을 기울이는 것, 적절하게 눈의 접촉을 유지하는 것, 상담자 자신의 긴장을 완화시키는 것 등의 의미가 있다. 상담자는 내담자의 언어와 비언어적 표현에 대해서도 경청해야 한다.

(1) 집중적(concentration) 경청

집중적 경청은 상담자가 내담자를 집중적으로 배려하고 몸을 내담자 쪽으로 기울이는 경청이다. 이 경청은 몸의

자세와 얼굴표정으로 관심을 가지고 눈의 접촉을 유지해야
한다.

(2) 용납적(Acceptance) 경청

용납적 경청은 상담자가 내담자의 어떤 말이든지 일단 수
용하고 용납하는 경청을 의미한다. 용납적 경청은 초기상담에
서 내담자의 말을 가로막거나 바꾸지 않고 용납하고 수용하는
것이다. 이때 내담자의 마음은 카타르시스(catharsis)를 경험
하게 되고 상담자와 신뢰관계를 형성하게 된다.

(3) 반영적(reflective) 경청

반영적 경청은 내담자가 표현하는 이야기의 요점에 대
해서 거울로 자신을 비추어 주듯이 반영하는 기법이다. 상
담자의 반영적 경청은 내담자가 상담자로부터 깊은 이해와
관심을 받고 있다는 생각으로 위로를 받게 한다.

(4) 공감적(empathic) 경청

공감적 경청은 상담자가 내담자의 말을 들을 때 내담자의 생각과 감정, 그리고 경험의 세계에 몰입하는 것이다. 상담자가 내담자의 입장에 서서 역지사지(易地思之)의 마음으로 깊은 공감을 하고 그것을 내담자에게 다시 전달해 주는 경청기법이다. 공감적인 경청은 상담자가 자신의 정체성을 일시적으로 잃을 정도로 내담자에게 몰입하는 인격의 깊은 동일화 상태이다. 공감적 경청은 내담자의 이야기 이면에 있는 마음도 공감하는 것이다.

(5) 지지적(supportive) 경청

지지적 경청은 상담자가 내담자의 말을 들을 때 위기상황으로 인하여 내담자가 희망과 용기, 그리고 삶의 의욕을 상실하지 않도록 붙들어주고 위로하며 지원해 주는 경청이다. 이 경청은 상담자가 내담자의 편에 서서 지원하고 있다는 사실을 언어나 비언어로 표시하는 경청이다.

(6) 방향적(directive) 경청

방향적 경청은 상담자가 내담자가 어떤 주제에 대하여 좀 더 분명하게 생각하고 표현할 수 있도록 이끌어 주고 자극을 주는 창조적인 기법이다. 이 경청은 내담자가 이끌어 가는 대로 막연히 따라가는 피동적인 경청(passive listening)이 아니라 내담자가 상담목표를 향해서 함께 생각하고 말하며 실천할 수 있도록 자극하고 이끌어가는 능동적인 경청이다.

(7) 직면적(confrontation) 경청

직면적 경청은 도전적(challenge) 경청이라고도 하는 것으로 상담자가 내담자의 말을 들을 때 왜곡된 사고, 비합리적 생각들, 그리고 자기 패배적인 사고들을 직면시키기 위한 경청이다. 이 경청은 내담자가 직면하게 될 때 위험성이 있을 수 있는 경청이며 상담자에게는 용기가 필요하다.

효과적인 직면의 경청을 위한 상담자의 주의사항

억압과 권위 도전을 피할 것

내담자의 한계 안에서 도전할 것

점진적으로 도전할 것

구체적으로 도전할 것

약점보다 장점에 도전할 것

내담자의 가치관에 맞게 도전할 것

긍정적으로 도전할 것

내담자의 불일치에 도전할 것

내담자의 왜곡에 도전할 것

내담자의 자기 패배적인 신념과 태도에 도전할 것

경청은 내담자의 언어적 표현(verbal expressions)과 비언어적 표현(nonverbal expressions)을 지혜롭게 듣고 파악하는 기술이다. 상담과정에서 내담자의 비언어적 메시지는 언어적 메시지보다 더 정확하게, 빠르게, 그리고 강하게 전달된다. 즉, 내담자의 얼굴표정, 몸의 동작과 자세, 목소리의 고저, 침묵, 몸의 단장(옷차림, 얼굴화장) 등을 통한 메시지는 언어적 표현보다 더 의미 있는 표현일 때가 있다. 따라서 상담자는 비언어적 메시지를 경청해야 한다.

캠프(Kemp)는 내담자의 비언어적 표현을 이해하는 진단 기준에 대해 언급하였다.

내담자의 축축한 손과 마른 입술은 불안한 심정을 말해준다.
빈번한 몸 움직임과 서성거림은 초조와 안정감 결핍이다.
느린 말과 동작은 우울증이다.
화려한 옷차림과 짙은 화장은 낮은 자아상(self-image)이다.
매혹적인 옷차림과 표정, 행동은 불안정과 성적 부적응이다.
어색한 웃음은 긴장과 부적응이다.
불편하게 앉아있는 모습은 불안과 초조, 갈등이다.
늦거나 결석하는 것은 저항과 무성의이다.
음성의 변화와 빨라짐은 감정악화이다.
침묵은 저항과 의미심장한 표현이다.
무표정과 굳은 표정은 지루함과 저항이다.
상담도중에 내담자의 양쪽 손이 의자 손잡이에 와있고, 상반신이 약간 앞으로 기울어져 있을 때는 빨리 끝나기를 바라는 신호이다.

경청은 적당한 심리적 거리가 필요하다. 필자가 요청하는 심리적 거리는 약 120㎝-150㎝이다. 따라서 상담에 있어서 상담자와 내담자 간의 이 거리를 유지하는 것이 효

과적이다. 이 거리는 보통 원탁자를 두고 마주 앉으면 자연
스럽게 거리가 유지된다. 심리적 경청의 거리는 내담자가
눈치채지 않도록 상담자가 조정하고 유지해야 한다.

7) 공감(감정이입)

공감은 감정이입(感情移入)이라고도 명명하는 상담기
법이다. 공감은 경청과 밀접하게 관련하여 활용해야 한다.
공감과 경청은 내담자의 감정과 정서문제를 진단하는데 중
요하다. 공감은 상대방의 경험, 감정, 사고, 신념을 상대의
입장에서 자신이 상대인 것처럼 듣고 이해하는 능력이다.

상담자의 공감능력은 내담자가 자유롭게 자신을 드러
내고 싶은 감정을 유발시키는 기법이다. 상담자는 기본적
으로 공감을 통해서 내담자를 치유하기 시작한다. 공감은
상담자와 내담자 간에 정신적 · 신체적 융합이다. 상담자의
공감 기술은 내담자의 감정에 심리적 안정과 인격에 도움
을 준다.

공감은 내담자의 마음의 소리를 받아들이고(accepting),

확인하고(confirming), 이해하는(understanding) 것이다. 공
감은 내담자의 눈으로 세상을 보고, 내담자의 가슴으로 느
끼며, 내담자의 머리로 생각하려는 노력이다. 그러면서도
공감은 상담자 자신의 감정에 있어서 객관성을 잃지 않는
것이다. 공감은 기초 공감과 발전 공감으로 나눌 수 있다.

기초 공감(primary-level accurate empathy)

기초 공감은 내담자가 현재 느끼고 생각하는 것을 내담
자가 느끼고 생각하는 대로 이해하면서 내담자에게 전달하
는 것이다.

발전 공감(Advanced accurate empathy)

발전 공감은 내담자가 지금 어떤 예감이나 느낌이나 생
각은 가지고 있으나 분명하게 보지 못하고 희미하게 느끼
고 생각하는 것에 대해 내담자가 분명히 볼 수 있게 도와
주는 기술이다.

공감은 내담자의 실제적인 감정을 이해하는 것으로 내담자의 입장이 되어서 그가 느끼고 생각하는 것을 있는 그대로 인식할 수 있는 능력을 말한다.

공감은 동정(sympathy)과는 구분되는 정서적 경험이다. 공감과 동정은 다른 사람의 인격을 돌본다는 것은 같다. 그러나 감정의 깊이에서 구분된다.

공감과 동정은 내담자의 정서와 감정적 반응을 포함한다는 점에서는 동일하다. 그러나 기본적인 입장은 다르다. 공감은 다른 사람과 함께 느끼는 것(feeling with another)이고 동정은 다른 사람을 향해 느끼는 것(feeling for another)이다.

공감은 내담자가 느끼는 것을 느끼는 것이라면 동정은 상담자가 느끼는 것을 의미한다. 공감은 내담자의 감정에 집중하는 것이라면 동정은 내담자의 감정을 경청하는 상담자의 감정에 집중하는 것이라 할 수 있다.

투사(projection)는 내담자에 대한 상담자의 주관적인 감정으로 자기중심적(ego-centric)이다. 투사는 내담자의 감정을 상담자의 자아개념(self-concept)과 경험에서 경청하고 느끼는 것이다. 투사는 내담자의 감정을 느끼면서 자신의 감정으로 되돌아오는 감정이다.

동정과 투사는 내담자의 감정을 읽으면서 나의 감정에 초점을 두는 것이라면 공감은 내담자의 감정을 읽고 내담자의 감정과 함께 하는 것이다.

동일시(identification)는 공감과 구분된다. 상담자는 공감을 통해서 자신 안에 사랑의 갈망이 있음을 깨닫게 되고 동시에 공감을 통해서 잔인성을 볼 수도 있다.

동일시는 내담자가 상담자와 하나 되는 느낌을 갖게 되면서 상담자의 감정에 매료되는 것이다. 그러나 공감은 상담자가 내담자의 감정을 충분하게 읽은 후에 그 감정을 함께 느끼고 나누는 것이다.

공감은 인지적 요소, 정서적 요소, 그리고 의사소통의 요소를 가지고 있다. 인지적 요소는 내담자의 감정과 사고 개념도 공감하는 것이다. 정서적 요소는 상담자와 내담자가 나누어 갖는 감정(shared feeling)으로 공통된 감정을 말한다. 의사소통의 요소는 공감의 행위로서 상담자가 내담자의 감정에 공감하고 있다는 것을 언어로 표현하는 것이다.

8) 질문

질문은 내담자의 속마음을 드러내게 하고 분석하는데 중요한 기법이다. 질문은 개방적 질문, 폐쇄적 질문, 선택적 질문, 반어적 질문 등이 있다.

(1) 개방적(open) 질문

내담자로 하여금 자기표현을 잘 할 수 있도록 도와주는 질문이다. 예를 들면, 어떻게, 왜, 무엇 때문에, 어디서 등으로 질문하는 것이다.

(2) 폐쇄적(close) 질문

내담자의 상황을 단순히 확인하는 차원에서 질문하는 것으로 예, 아니오의 답을 얻기 위한 질문이다. 이러한 질문은 상담과정에서 가급적 피하는 것이 좋다.

(3) 선택적 질문

내담자가 어떠한 결정을 내릴 수 있도록 하는 질문 혹은 내담자 자신이 상황 파악이 안 되어서 말하기가 어려울 때에 던지는 질문이다. 이때에 상담자는 3가지 정도의 정보를 주고 선택할 것을 질문해야 한다.

(4) 반어적(restatement) 질문

내담자가 이야기한 사실에 대해서 상담자 자신이 잘 이해하고 있는가를 확인하는 것으로 내담자 말의 내용을 요약하여 "제가 이해하고 있는 것이 맞나요?" 하는 식의 질문을 의미한다. 이 반어적 질문을 통해서 상담자 자신이 내담자의 말을 잘 경청했는가와 경청을 잘했다는 사실을 내담자에게 전달하는 효과가 있다. 이 효과는 상담자와 내담자 간의 공감대를 형성하는 데에 도움을 줄 뿐만 아니라 회복의 효과에도 영향을 준다.

9) 정보제공

상담자는 상담과정에서 내담자에게 적절한 정보제공을 해 줌으로써 도와주어야 한다. 내담자는 상담자가 제공한 정보를 통해서 자신의 삶으로 선택해 나아가는데 도움을 받게 된다. 상담자의 정보제공은 내담자의 상황과 의지, 그리고 내담자가 가지고 있는 자원 등을 고려하여 정보제공을 해야 한다. 상담자가 제공하는 전문적이고 정확한 정보제공에 따라서 내담자가 실천할 확률이 높아질 수 있고 그렇지 않을 수 있다. 따라서 상담자가 제공한 정보가 너무 감당하기가 어렵거나 접근하기 힘든 것이 되어서는 안 된다. 내담자가 노력하면 충분하게 실천할 수 있는 맞춤형의 정보제공과 실현 가능한 정보제공이 중요하다. 그러므로 상담자는 이 정보제공을 위해서 연구하고 자료를 준비해야 한다.

10) 조언 · 지시

조언 기법은 내담자의 말을 경청하는 가운데 내담자에게 필요한 적절한 조언을 주는 것이다. 조언은 타이밍이 중

요하고 당위성이 분명해야 한다. 따라서 상담자는 전문성
을 근거로 해서 내담자가 조언에 대해서 순응하고 실천할
수 있도록 도와주어야 한다. 상담자가 조언을 한다는 것은
내담자의 회복을 돕는 것을 고려해야 한다는 것이다. 조언
은 단순하게 "이렇게 해보면 어떨까요?"하는 식이 아니
라 이론적인 근거와 임상적인 경험(사례/판례)을 토대로
해야 한다. 그렇지 않으면 상담자의 생각과 감정 또는 그
상황을 모면하기 위한 것이 될 수 있다. 내담자 입장에서
상담자의 조언은 마치 의사가 환자에게 주는 처방약이나
주사와 같은 것이다. 따라서 조언은 내담자와의 충분한 공
감과 분석을 기초로 하는 것이 효과적이다.

지시는 조언보다는 조금 더 신중해야 한다. 조언은 간
접적인 반면 지시는 직접적인 것이기 때문이다. 지시는 상
담자와 내담자 사이가 좋은 라포형성과 공감대가 형성될
때에 이루어져야 한다. 그렇지 않으면 내담자가 저항할 수
있기 때문이다.

조언과 지시는 어느 정도 상담회기가 지난 후 내담자의
문제와 상황을 비교적 정확하게 분석한 경우에 가능한 기
법이다. 만약 내담자가 상담자의 조언과 지시에 대해서 거

부하게 되면 어색한 상황이 벌이지기 된다. 따라서 상담자는 정확하고 분명한 정보제공을 통해서 내담자의 언행에 대한 수정과 보완을 조언하고 지시해야 한다. 그러므로 상담자는 내담자의 라포형성과 공감대의 정도를 파악하면서 조언과 지시를 해야 한다. 또한, 상담자의 조언과 지시를 내담자가 얼마나 수용하고 이해할 것인가를 가늠하는 가운데 조심스럽게 진심으로 해야 한다.

내담자 입장에서 전문성을 근거로 한 상담자의 조언과 지시는 중요한 부분이다. 조언과 지시는 내담자의 문제 해결을 위한 실마리 또는 키워드를 잡는 것과 같은 것이다. 내담자는 상담자의 조언과 지시대로 하게 되면, 자신의 문제가 회복되고 해결하는데 도움이 될 것이라는 신뢰감을 가지고 있다. 이러한 측면에서 조언과 지시는 상담자에게 부담스러운 기법이다. 그러므로 상담자의 전문적인 이론과 임상경험이 중요하다.

11) 지지 · 수용

지지 기법은 내담자의 다양한 상황과 심리적 어려움에 대해 지지하는 것이다. 이 지지 상담기법은 상담의 진행을 도우며, 상담자와 내담자 사이의 라포가 형성되는데 중요하게 작용한다. 일차적으로 상담자는 내담자가 이야기하고 표현하는 것에 대해 지지하고 수용하는 태도가 중요하다. 그렇다고 해서 내담자에 대한 상담자의 지지가 지나치게 감정적인 것이 되어서는 안 된다. 상담자의 지지는 무조건이면서도 객관성 있고 진솔해야 한다. 상담자는 상담 과정 속에서 내담자의 장점을 발견하여 지지하고 용기를 줌으로써 치료 효과를 높일 수 있다.

내담자의 부정적인 감정표현이나 자신의 처지를 다른 사람과 비교하면서 우울해할 때 역지사지를 이해하고 느낄 수 있는 예를 들어서 지지할 수 있다. 예를 들면, "지금 현 상황을 유지하고 있는 자체에 대해서 같은 시대를 살아가는 한 사람으로서 고맙게 생각합니다. 자기만 생각하지 않고 아이도 생각하여 살아보려는 노력이 좋아 보입니다. 그래서 용기를 내어 상담도 받으신다고 생각합니다."

상담자는 내담자의 말과 이야기를 경청하고 공감하면서 속마음을 읽어 주어야 한다. 내담자의 표현이 부정적이면 대부분은 긍정적인 정서와 마음은 긍정을 소망하기 때문이다.

수용 기법은 내담자의 이야기에 주의를 집중하며, 경청하고 수용하고 있다는 것을 느끼게 해 주는 기법이다. 따라서 상담자는 내담자가 자신의 문제를 이야기할 때 "음, 네, 그렇군요. 그럴 수 있죠. 그렇겠네요." 등의 긍정적 언어표현과 함께 표정, 몸짓 등의 비언어적 표현을 하면서 수용하는 태도가 있어야 한다. 지지와 수용 기법은 상담자가 판단하는 것이 아니라 내담자 스스로가 상담자가 자신의 말과 상황에 대해서 충분하게 수용하여 지지하고 있다는 것을 느껴야 하는 것이다.

12) 탐색 · 통찰

탐색 기법은 내담자에게 필요한 정보를 얻거나 내담자의 사고를 미리 지시하거나 내담자가 선택한 주제를 정교화하는 의미를 갖는다. 따라서 탐색 기법은 상담자의 전문성과 경험이 풍부할수록 유리하게 된다. 탐색 기법은 상담자의 통찰과 상관성이 있다. 상담자의 내담자가 처한 상황과 문제에 대한 통찰은 탐색하는데 도움을 주게 된다.

통찰 기법은 상담자의 명확한 분석 및 진단과 관련성이 있다. 통찰에서 오류가 나면 분석이 안 되고, 분석이 잘못되면 진단이 왜곡되게 된다. 따라서 상담자는 통찰에 관련하여 사례관리 및 수퍼비전과 임상훈련에 충실해야 한다.

상담자의 통찰은 개인적으로 타고난 부분이 있다고 본다. 그리고 많은 임상경험과 사례들에 대한 수퍼비전으로 습득하게 되는 기법이다. 그러므로 상담자에게는 내담자의 통찰을 위해서 전문적인 이론적 접근과 임상사례 분석 및 수퍼비전이 요구된다.

13) 안심화 · 명료화

안심화 기법은 넓은 의미에서 지지를 보장해 주는 것이다. 내담자의 현재 신념체계에 상담을 맞추어 주고, 내담자의 의견에 동조해줌으로써 불안을 감소시키고 스트레스를 감소시키는 기법이다. 상담자의 언어와 배려, 경청과 공감, 지지와 수용을 통해서 내담자의 정신과 정서가 안정을 찾게 되는 기법이다.

명료화 기법은 내담자가 진술한 내용을 반영해 주는 특별한 방법으로 내담자의 이야기에 대한 실체를 요약해 주는 것이다. 이 기법은 내담자의 감정을 밀어 부치지 않고 그 방향이나 흩어진 반응 등을 단순화해 줌으로써 통찰의 발달을 촉진시켜 준다.

명료화는 내담자가 자신의 문제를 거울에 비춰보듯이 분명하게 하는데 도움을 주는 작업이다. 명료화는 상담자가 내담자의 입장에 서서 문제를 경청하면서도 객관적인 입장을 유지해야 한다. 명료화는 상담자의 전문성으로 내담자의 문제 갈등을 분명하게 하는 것뿐만 아니라 문제 갈등에 연관된 내부적 진실을 분명히 알 수 있도록 돕는 기술이다.

14) 설명 · 해석

상담자는 내담자의 정신적, 심리적 상황에 대해서 설명하고 해석해 주어야 한다. 상담자는 내담자와 관련된 부분을 설명할 수 있는 전문적인 연구와 준비가 필요하다. 내담자가 겉으로 나타내는 문제가 내부적 정신작용에 관련되어 있는데도 이를 의식하지 못하거나 깨닫지 못할 때 그 관련성을 설명해서 이해시켜야 한다.

해석 기법은 내담자에게 설명된 부분들에 대해 전문성과 객관성을 기초로 해석하는 것이다. 해석은 내담자가 자신의 문제와 갈등의 근원에 대해 부분적으로 이해하고 있는 문제에 대해 재명명, 재구성하는데 필요한 기법이다. 또한 해석 기법은 자신의 참모습을 직면하며 통찰하고 이해를 증진시키게 하는 기법이다.

상담자는 내담자의 현 상태를 분석하고 설명하며 해석해야 한다. 예를 들면, 내담자의 우울증, 정신분열증, 조울증, 인격장애 등의 표현과 증세에 대해 설명하고 해석하는 것이다. 따라서 상담자는 인간이해를 위한 다양한 전문적인 지식을 공부해야 한다.

해석 기법은 언어적, 문화적, 역사적, 비유적, 상황적, 환경적 해석이 있다. 언어적 해석은 표현되는 언어에 대해서 감정과 정서의 깊이를 해석하는 것이다. 문화적 해석은 내담자가 가지고 있는 문화적 풍토와 일반적인 사람들이 가지고 있는 것에 대한 비교 해석이다.

역사적 해석은 자신이 어린 시절부터 살아온 상황과 시대상, 자란 환경 등을 고려한 해석이다. 비유적 해석은 다른 사례와 경험들을 근거로 하여 비유적으로 해석한다. 상황적 · 환경적 해석은 문제 상황이 어느 환경에서 발생했느냐를 근거로 해석하는 것이다. 예를 들면, 부부 싸움을 거실에서 했느냐? 주차장에서 했느냐? 가 각각 다르게 해석되어야 한다.

설명 기법이 사실과 증상에 대해 모르고 있는 부분을 알려주는 것이라면, 해석은 왜곡된 부분과 부정적으로 인식하고 있는 부분에 대해 긍정적으로 의식하고 바라볼 수 있도록 재명명, 재구성해 주는 기법이다.

상담자의 설명과 해석 기법은 내담자의 갈등과 고통상황에 대해 의미와 전화위복의 기회로 인식하고 노력하게 하는 결정적인 기법이 될 수 있다. 따라서 상담자는 다양한 직간접적인 이론적 연구와 사례 중심의 임상경험, 그리고 수퍼비전에 충실해야 한다.

15) 심리검사 및 평가

상담자는 내담자의 정신 및 정서, 신체적인 현상들을 진단하기 위해서 공인되고 표준화된 검사지를 가지고 내담자와 합의하에 심리검사를 실시할 수 있다. 심리검사는 상담자 자신이 임상적 훈련과 자격증이 없는 경우 심리전문기관이나 임상전문가에게 의뢰해야 한다.

심리검사는 상담사 자격을 갖추었다는 사실과 단순한 심리검사 지식을 갖추고 실시하거나 해석하는 것은 비윤리적 행동이다. 공인된 훈련과 자격을 갖추지 못한 경우 심리검사를 실시하거나 그 결과를 해석해서는 안 된다. 또한 유관검사라고 할지라도 본인이 수련을 받지 않은 내용이라면 그 결과를 해석해서는 안 된다.

검사 결과는 내담자에게 결과의 수치만을 알리거나 제 3자에게는 알리지 않는다. 또한, 내담자의 정신과 정서적 반응을 고려하여 적절한 수준에서 결과를 알려 주어야 한 다. 특별히, 상담자는 내담자에게 검사의 결과가 반드시 절 대적인 것이 아님과 통계적인 산출 결과임을 잘 이해시켜 야 한다.

심리검사는 검사하기 전에 내담자에게 충분한 설명을 해야 한다. 이 검사는 왜 하는 것인지, 검사를 통해서 어떠 한 도움을 받을 수 있는지, 무엇을 알아보기 위해서 하는 것인지, 금액은 얼마인지, 등을 설명하고 동의 후 실시해야 한다. 그리고 심리검사의 결과는 혹시 수사기관이나 관련 자가 요구할 때에 제공할 수 있다. 그러한 상황에서는 다시 동의를 얻을 수 있을 것이라는 부분에 대해서도 내담자의 동의를 얻어야 한다. 그리고 심리검사 결과는 절대적인 것 이 아니고 많은 검사 중에 하나라는 사실과 신뢰도까지도 설명해야 한다. 그리고 상담자는 이 모든 상황을 서면으로 동의를 얻는 것을 원칙으로 한다.

(1) 심리검사실

심리검사실은 내담자에게 심리검사를 실시하는 공간으로 편안한 분위기에서 심리검사에 집중할 수 있도록 안정된 환경을 조성한다. 심리검사실 관리자를 따로 두어 관리하게 하고, 각종 심리검사 도구와 온라인 검사를 대비한 PC 등을 비치한다. 또한, 심리검사 결과를 보관할 수 있는 잠금장치가 있는 별도의 보관함을 둔다. 심리검사실이나 상담실의 경우 검사나 상담이 진행되지 않으면 빈공간으로 간주하여 사적으로 활용하는 경우가 종종 있으나 이는 견지하여야 할 행동이다.

16) 가계도

가계도(kinship system)는 한 가족이 3대에 걸쳐 부모가 자녀에게 물려주는 유전적인 정서와 무의식, 의식적으로 영향력을 행사하는 것 등의 관계체계를 구조적으로 도형화한 것이다. 가계도는 1970년 미국의 머레이 보웬(Murray Bowen)이 국립정신보건(National Institute of Mental Health)에서 일하면서 만든 가족도표(family diagram)가 그 근원이다. 그 후 맥골드릭(M. McGoldrick)과 거슨(R. Gerson)이 1985년에 출판한 책 『가계도 평가와 조정』을 통해 정립되어 널리 알려져 유전학, 의학, 심리학, 교육학 등에서 다양하게 사용되고 있다.

가계도는 내담자를 포함하여 3대에 걸쳐서 분석하고 진단하는 것이 이상적이다. 그러나 필요하다면 4대까지도 분석할 수 있다. 가계도는 그 도표 자체에 의미가 있는 것이 아니라 가계도를 분석하면서 정서와 감정 및 인식의 흐름과 고착 정도를 분석하는 것이 중요하다. 예를 들면, 부모세대 한 분이 우울증상이 있었다면 내담자에 미치고 있는 정도와 자녀에까지 전달되고 있느냐에 대한 진단을 해야 한다.

상담자는 내담자에게 가계도를 그리는 방법을 간략하게 알려주고 그 자리에서 그리게 함으로써 관찰하고 진단할 수 있어야 한다. 내담자가 가계도를 그리는 가운데 어느 부분에 멈추고 생각을 많이 하는지, 머뭇거리면서 회피하는지 등을 관찰할 수 있다. 또는 다음 회기에 집에서 그려오라고 과제로 줄 수도 있다. 이때에도 가계도를 어떻게 성실하게 꼼꼼하게 그려오느냐, 대충 그려오느냐에 대한 성격 피악과 정서적 깊이를 관찰할 수 있다. 또한, 가계도를 놓고 설명할 때 내담자의 표현과 감정에 대해서도 관찰하고 분석하는 것이 필요하다.

17) 가족구도 · 가정배경

가족구도(family composition)는 가족의 수, 출생순위, 특성 등 한 개인의 생활양식과 성격형성에 결정적인 역할을 한다. 가족은 개인의 유전(heredity)과 환경을 조성한다. 한 개인의 가정 배경(family background)은 개인의 성격형성에 지대한 영향을 주는 환경이 된다. 가정적인 배경을 앎으로써 이 사람이 왜 이렇게 되어 있는가? 하는 문제에 대해서 정확한 이해가 가능해진다. 특별히 정신치료자들은 가정의 배경과 역사를 철저히 파악하고 난 후에 처방을 내린다.

내담자의 가정배경은 그 사람을 상담하는데 매우 중요한 자원이 된다. 상담자는 내담자의 가정배경에 대해 질문하고 대화할 때 조심스럽게 접근해야 한다. 가정배경에 대해서 너무 깊이 오픈하게 되면 수치감정을 가질 수 있기 때문이다. 따라서 상담자는 내담자가 자신의 성장에 대한 가정배경을 이야기할 때 자율성을 주어야 하며 편안한 상황에서 말할 수 있도록 배려해야 한다.

내담자의 가족구도와 배경은 상담의 기본적 자원이자 핵심정보가 된다. 따라서 상담자는 이에 대한 가계도 분석과 이야기에 대해서 경청과 공감 기법을 잘 활용해야 한다.

18) 상담평가

상담평가는 상담의 모든 과정을 진실하게 평가하는 것이다. 특별히 상담자가 상담과정에서 실수하고, 부족했던 부분, 다음 상담에 준비할 것, 전이와 역전이가 일어난 경우 등을 정확하게 평가해야 한다. 이 평가는 다음 상담과정에서 중요한 자료가 되기 때문이다.

상담평가는 상담자 자신의 부족한 전문성에서부터 감정조절, 경청과 공감 능력 등에 평가를 객관적으로 해야 한다.

상담평가는 상담에 방해 요소가 되는 상담실의 환경과

주변 환경에 대한 부분도 기록해야 한다.

상담평가는 내담자에 대한 적절한 서비스 부족, 실수, 갈등 등을 평가한다.

상담평가는 반드시 기록으로 남기고 그에 따른 수퍼비전을 받아야 한다.

상담평가는 회기별로 간략하게 이루어지고 전체 회기를 평가하는 것이 이상적이다.

VII. 상담 원리와 상담자의 정신건강

Counseling Principles & Counselor' Mental Health

1. 상담 원리

상담의 원리는 개별화, 학습과정, 자유의 신장, 조력활동, 영향력 미치기, 자기이해, 환경이해, 적응, 선택, 방법선택, 문제해결, 가치관, 목표설정, 그리고 평가반성으로 정리한다(George D. Demos Bruce Grant).

개별화(Individualization)
  내담자의 개성과 특성을 존중한다.

학습과정(Learning process)
  내담자의 이해능력과 전문기술의 학습과정이다.

자유의 신장(Human freedom)
  내담자의 자아개념에 의한 선택과 적응의 자유를 인정한다.

조력활동(Helping)

　내담자를 돕는 것이 기본이다.

영향력 미치기(Influencing behavior)

　내담자의 미래 행동에 대해 긍정적인 영향을 주는 것이다.

자기이해(Self-understanding)

　내담자가 자신을 보다 더 정확히 알 수 있도록 조력한다.

환경이해(Environmental understanding)

　현재와 미래상황, 직업세계, 사회의 이동성, 세계적 상황의 이해가 필요하다.

적응(Adjusting)

　내담자가 만족하고 행복할 수 있는 환경을 선택하게 한다.

선택(Making choices)

　생애계획, 직업, 진학, 배우자, 취미, 해결방안의 선택 능력을 습득할 수 있도록 돕는다.

성숙(Maturing)

　건전한 인격으로 다듬어지게 한다.

방법선택(Methodology)

상담의 이론과 적용은 상담자의 가치관에 따라 선택한다.

문제해결(Problem-solving)

개인의 문제해결 능력을 키우는 것이 필요하다.

가치관(Value-system)

내담자 스스로가 자신의 가치관을 이해하고 점검하도록 돕는다.

목표설정(Goals)

상담목표를 분명히 정하고 그 목표에 도달할 수 있는 구체적이고 전문적인 방법으로 접근한다.

평가반성(Evaluating)

상담과정에서 발생되는 문제해결에 대해 기술습득과 훈련을 하고, 수정, 보완, 재교육에 필요성을 평가하고 진행한다. 상담자는 스스로 자신의 정서와 전이, 역전이, 가치관 등을 분석하고 평가한다. 평가반성은 전체 상담과정에서 부족했던 모든 부분을 체크하며 평가 반성하고 수정을 준비한다.

2. 상담전략 과정

1) 내담자 이해의 기초

① 내담자는 타인으로부터 사랑을 받고자 하는 기본 욕구를 가지고 있다.

② 내담자는 자기가 가치 있고 능력 있는 인간임을 인정받고자 한다.

③ 내담자는 각종 두려움에 직면하기를 두려워하거나 회피한다.

④ 내담자의 두려움이나 공포의 대상은 특정 사건이나 인간관계 자체가 아니고 그에 수반되어 있는 자신의 생각이나 감정이다.

⑤ 내담자의 불안은 과거의 것이 아니고 장차 일어날 사태에서의 실패가능성에 대한 두려움일 경우가 많다. 즉, 미래에 대한 공포이다.

⑥ 내담자의 갈등은 환경적 여건이나 자기능력의 제한성을 무시하려는데 초래되는 수가 많다.

⑦ 내담자의 문제행동은 자기성장을 자승자박하는 것이지만 자기 나름대로의 최선의 생활수단이나 안전수단일 경우가 많다.

⑧ 내담자 문제의 해결은 자율성과(자신과 남에 대한) 책임감의 향상으로 이루어진다.

2) 상담의 기본전략

① 내담자에게 일어났던 최근의 의미 있는 자료에 초점을 맞춘다.

② 일반적이고 모호한 내용에서 구체적인 내용으로 집중한다.

③ 사건이나 생활역사의 나열보다 중요 인간관계에 관련된 내담자의 감정에 초점을 둔다. 즉, 사건자체보다. 그에 수반되는 정서 내용에 주목한다.

④ 상담자와 내담자 간의 나와 너의 관계를 구축하여 내담자 변화의 장(field)으로 삼는다.

⑤ 장래와 과거에 관련된 사실들에 대한 의미 없는 조사보다는 상담 장면의 현재와 이곳에서의 내담자 감정과 행동에 주목한다.

⑥ 다른 사람과 자기 생활에 대해 기술한 내용의 이해보다는 내담자가 현재 하고 있는 적응 행동의 효과성을 검토하도록 한다.

⑦ 바람직한 내담자의 언행, 자기탐색 노력을 강화한다.

⑧ 자기표현 훈련, 긴장이완 훈련, 정신안정 훈련을 필요에 따라 내담자와의 합의하에 실시할 수 있다.

⑨ 상담의 진행 결과와 최초에 상호 합의한 목표를 비교 검토한다.

⑩ 상담 관계와 내담자의 일상생활 장면 간의 차이를 검토하여 현실적인 행동 전략을 협의한다.

3. 상담자의 역할

1) 통찰(insight)과 자각(perception)을 할 수 있는 역량
을 길러야 한다.

이는 심리적 심성 즉, 인간의 정신기능, 심리적 과정, 심
리적 표시에 대한 관심과 흥미가 요구되며 어느 정도 객관
성이 요구된다.

2) 공감하는 역량을 길러야 한다.

자신을 내담자의 입장에 놓고서 지금 내담자가 무엇을
느끼고 있는가를 느끼고 경험할 수 있어야 하며, 그 후 이
과정을 역전시켜 상담자로 되돌아와서 내담자 입장에서 느
꼈던 것을 돌이켜 보아야 한다. 이러한 공감은 내담자의 느
낌을 마치 자신의 느낌처럼 받아들이고 그런 상태가 오래
지속되는 동일시와는 다른 것이다.

3) 관찰력이 있어야 한다.

이는 내담자의 말을 경청할 뿐만 아니라 내담자의 비언어적 행동적 표현, 사고과정의 순서, 내담자가 생각하고 있는 문제, 또 상담자 자신과 자신의 반응까지도 미시적인 동시에 거시적으로 관찰할 수 있는 능력을 말한다.

4) 미성숙한 사람은 여러 가지 사고의 장애나 왜곡을 경험하게 되므로, 상담자도 그러한 방식으로 사고할 수 있도록 상담자 자신이 심리적으로 퇴행할 수 있어야 한다.

5) 또한, 이러한 퇴행을 다시 역전시켜 퇴행적 사고 동안의 경험을 합리적인 사고에 의해 관찰하고, 평가할 수 있는 역량을 길러야 한다.

6) 상담자는 면접에 임하는 데 있어서 내담자가 자신의 마음을 다 털어놓을 수 있도록 잘 들어주는 환기(feedback)적 경청을 해야 한다.

7) 상담자는 내담자에게 불안과 죄책감을 야기시키는 괴롭고 고통스러운 기억이나 경험을 촉발시킬 수 있어야 한다. 즉, 이러한 것을 꺼내는 것을 꺼려하거나 스스로 부당한 죄책감을 느끼지 않게 되어야 하며, 내담자의 이와 같은 고통스러운 정서적 반응을 견딜 수 있어야 한다.

8) 내담자는 전이반응으로 인해서 상담자를 잘못 지각하거나 왜곡된 상담자 영상을 갖는 경우가 많다.

이러한 경우 상담자는 자신의 왜곡된 영상이나 지각을 고쳐주려고 하는 개인적인 필요성을 느끼지 않고 불쾌감이나 불안감 없이 내담자의 전이를 참고 견딜 수 있어야 한다.

9) 상담자가 일반적인 요구나 비현실적인 기대를 해 오는 경우 내담자가 퇴행하여 자기 자신에게만 사로잡혀 다른 사람을 고려하는 것이 어렵게 되었기 때문임을 인식하고, 내담자의 그러한 요구나 기대를 수용하고 인내할 수 있어야 한다.

4. 상담자의 정신건강

21세기에 들어서면서 상담에 관한 관심이 매우 높아졌다. 각 대학교는 물론 사회교육기관에서도 상담에 관한 교육이 활발하게 이루어지고 있다. 이들 기관에서 현재 상담과 관련하여 많은 과목이 강의되고 있지만 상담자의 정신건강에 관한 과목은 찾아보기 어렵다. 상담에 있어서 상담자의 정신건강은 매우 중요하다. 상담자의 정신건강은 상담의 성공실패와도 밀접한 관계가 있다. 상담자의 건강은 크게 육체적 건강, 정신적 건강, 영적인 건강으로 구분할수 있다.

1) 정신건강의 개념

인간의 정신이 정신분석학자의 고유 단어는 아니다. 인간의 정신에 대한 연구는 신학자, 철학자, 심리학자 등 다양한 학자들이 연구를 거듭해왔다. 철학자 소크라테스는 인간의 정신은 인간 내부에 존재하는 것으로 지성과 인격의 정상적인 능력으로 언급했다. 또한, 이 정신 활동은 인식될 수 있으며, 인간의 일상적 행위에 영향을 줄 뿐만 아니라 행위를 조절하며 지배한다고 설명했다(S. E. Stumpe).

아리스토텔레스는 인간의 정신은 개인의 목적을 성취하기 위한 존재 형상으로 보았다(Aristoteles, Metaphysik, Ⅶ). 그런가 하면, 초기 그리스도교 사상가인 아우구스티누스(Augustinus, De Trintate)는 인간의 정신자체는 변화하는 것으로 하나님은 인간의 혼(정신)을 이성적으로, 지적으로 창조하셨다고 말했다.

심리학자 스테켈(Wilhelm Stekel)은 인간의 정신은 하나의 실존적 행위라고 정의했다(A.Einstein, Relativity). 이와 같은 것을 고려하여 볼 때 인간의 정신은 영혼과 구분된 것으로 생물학적, 심리적, 사회적인 반응에 대한 정신적 총체로서 인간의 육체와 행동과 실제적인 관련을 맺고 활동한다.

2) 상담자의 탈진

상담자가 정신적으로 탈진하는 경우는 매우 다양하다. 개인적인 문제와 가정적인 문제로 인한 탈진, 이중 업무로 인한 탈진, 상담과정 속에서의 탈진 등이 있다.

(1) 이중 업무로 인한 탈진

상담자의 대부분이 탈진할 수 있는 여건을 가지고 있다. 현재 상담자로 활동하는 자들이 대개 상담만을 전문으로 하는 경우가 많지 않다. 일반적으로 상담자들이 다른 직업을 가지고 있는 상태에서 상담을 하고 있다. 예를 들면, 대부분의 상담자들이 직장인으로서 상담자, 교수로서 상담자, 목회자로서 상담자이다. 따라서 상담자 자신이 즐겁고 기쁜 마음으로 상담에 봉사하고 있지만 과중한 업무로 인한 자신의 탈진을 막기는 어렵다. 왜냐하면 이러한 여건은 상담자가 스스로의 정신건강을 위한 계획을 갖기가 어렵다. 즉 상담자가 처한 환경 때문에 정신건강을 위한 휴식시간, 여행, 운동 등으로 시간의 여유가 없게 된다. 따라서 상담자는 스스로 탈진을 피할 수 없게된다.

(2) 상담과정 속에서의 탈진

상담자의 탈진은 상담과정에서 내담자들과의 잘못된 감
정이입(empathy)43)으로 인해서 올 수 있다. 즉 상담 훈
련을 잘 받지 않은 상담자는 내담자의 어렵고 고통스러운
상황에 대해 자신을 객관화시키는데 실패함으로써 오는 어
려움을 겪어야 한다. 이는 상담자가 우울증에 시달리고 있
는 내담자를 상담하면서 우울증 때문에 고통당하는 경우를
말한다. 다시 말해서 상담자는 내담자들의 정신병리 현상
과 폭력 행위, 부당한 대우로 인한 내면적 고통 등의 내용
들을 들어야만 한다. 즉 상담자는 좋은 이야기보다는 나쁜
이야기들을 듣는 사람들이다. 게리 콜린스(Cary Collins)
는 상담자는 정신건강의 상담자로서 적절한 상담훈련을 받
을 것을 언급했다(Cary Collins, *How to Be a People Helper*).

---

43) 감정이입(empathy): 공감적 이해(empathy understand) 이해라고도
말하는 감정이입은 내담자의 경험과 감정과 사고, 신념 등을 마치 자신의
일처럼 듣고 하는 능력이다. 상담 장면에서 상담자는 치료 효과를 높이기
위해서 이러한 감정을 내담자가 느끼도록 해야 한다. 롤로 메이(Rollo
May)는 상담의 감정이입은 상담에 있어서 열쇠와 같은 것이라고 말한다.

따라서 상담자가 이러한 현실을 즉시하지 못하고 자신의 정신건강을 지키지 않으면 상담자는 위기에 빠지게 된다. 상담자의 정신적 위기는 상담의 기술을 뛰어나게 습득하고 있을 지라도 상담을 실패로 이끌어 갈 확률이 매우 높다. 즉 상담자의 정신건강은 상담의 결과에 중요한 변수로 작용한다.

3) 상담자의 정신건강 관리

상담자의 탈진은 자신에게는 물론 내담자의 회복에 지장을 주게 되며, 상담을 방해하는 치명적인 원인이 된다. 상담자의 정신건강을 위해서 철저한 자기분석, 지속적인 수퍼비전, 규칙적인 취미 활동, 상담의 재교육, 거룩한 종교 행위가 중요하다.

(1) 철저한 자기분석

상담자의 자기분석(self analysis)44)은 매우 중요하다.

---

44) 자기분석(Self Analysis): 자기 자신에 대한 정신분석이다. 상담자가

상담자의 자기분석은 상담자가 내담자를 치료하기 위한 목
적으로 실시하는 자기분석과는 좀 더 깊고 폭 넓은 차원에
서 이해해야 한다. 미국의 정신분석 학파들은 상담자가 되
기 위해서 최소한 정신분석을 5년 이상 실시한다. 또한, 교
육분석의 기간도 3년 이상 받아야 한다. 이러한 현실을 감
안할 때 상담자가 되기 위한 자기분석은 비교적 철저하게
이루어져야 한다. 그 기간을 정하기보다는 적어도 상담자
는 자기 자신에게서 발생하는 일들에 대해서는 스스로가
치료할 수 있는 능력을 지녀야 한다. 즉, 상담자는 자기 스
스로 자신의 감정과 정신적 변화의 원인을 인식하고 잘 조
절하며 치료할 수 있어야 한다. 다시 말해서 상담자는 자신
의 문제와 상담과정에서 정신적으로 받게 되는 일련의 스
트레스를 스스로 진단하고 해결할 수 있어야 된다는 것이
다. 그러므로 자기분석이 잘 된 상담자는 상담과정에서 오
는 정신적 스트레스에 대해서 디스트레스(distress)[45]로

되기 위하거나 상담의 치료를 위한 분석으로 자신의 동인(動因), 정서,
잠재력의 한계에 관한 이해하는 것이다. 더 나아가서 자신이 어떤 유전과
환경에 의해서 성장했는가? 자신의 성격은 어떻게 형성되었는가? 자신의
정서와 감정은 어떠한가? 자신의 장단점은 무엇인가? 자신의 종교적인 성향에
대한 스스로의 진단 등등 자신에 대해서 스스로가 잘 알 수 있도록 하는
것이다.
45) 디스트레스(distress): 디스트레스는 스트레스를 주는 사건에 대해서

받는 것이 아니라 유스트레스(eustress) 46)로 전환함으로 써 정신건강을 성숙시키는 동시에 상담기술을 확장시킬 수 있게 된다.

(2) 지속적인 수퍼비전(supervision)

상담에 있어서 수퍼비전은 초보 상담자에서 전문 상담자로 성숙되기 위한 중요한 역할을 한다. 상담에 있어서 수퍼비전은 수퍼바이저를 통해서 수퍼바이지가 치료적인 능력을 향상, 촉진시키는데 목적이 있다. 수퍼비전은 전문 상담자로서 상담기술을 선배 또는 지도교수에게 배울 뿐만 아니라 상담자로서의 정체감을 결정하는데에도 도움이 된다(김경실, 효과적인 수퍼비전). 이러한 공식적인 과정 속에서 상담자들은 자신의 수퍼바이저를 통해서 지속적인 상담기술을 습득할 뿐만 아니라 상담자로서 정신건강에 크게 도움을 받게 된다. 따라서 상담자는 자신의 정신건강과 유능한 상담자가 되기 위해서 지속적인 슈퍼비전의 시간을 가

부정적으로 받아 들이는 것이다.

46) 유스트레스(eustress): 유스트레스는 스트레스를 주는 사건에 대해서 긍정적으로 받아 들이는 것이다.

져야 한다.

(3) 규칙적인 레크리에이션 활동

상담자는 인간을 상대하면서 인간의 고통을 듣고 상담하는 전문적인 활동이다. 이 과정 속에서 상담자는 자연스럽게 스트레스를 받게 된다. 따라서 상담자는 규칙적인 레크리에이션 활동을 통해서 이를 해소하고 극복하며 치료받을 수 있다. 인간의 삶을 여유롭게 하는 것 중 하나가 유희, 즉 오락이다. 이는 즐거운 활동으로 인간의 정신적인 스트레스를 푸는 것에 효과가 높다. 이 오락 활동은 정신적으로 유희를 가져오는 것에 대한 활동을 모두 포함하고 있다. 예를 들면, 맛있는 음식 만들어 먹기, 사회단체의 오락 프로그램에 적극 참여하기, 여행을 통한 즐거움 얻기, 좋은 영화나 비디오 감상을 통한 유희 활동, 신선하고 구체적인 유머를 말하기, 고궁을 방문하여 즐거운 활동하기, 운동, 휴식, 여가 등을 실천하는 것이다. 즉 신체와 정신이 즐거움을 가질 수 있는 모든 프로그램을 적극 실천하는 오락을 통해서 정신적인 스트레스를 치료하는데 효과를 얻게 된다

(서동진, 직장인 스트레스, 어떻게 할 것인가). 이 중에서 상담자의 휴식과 운동에 대해서 다루고자 한다

① 상담자의 휴식

상담자는 자신의 정신건강을 위해서 생활 계획표에 휴식 시간을 적절하게 세워서 실천해야 한다. 인간은 생체 리듬에 의해서 건강을 유지하게 된다. 근본적으로 인간에게 잠은 가장 중요한 휴식이다. 인간에게 잠이 부족할 때는 몸이 피곤하고 마음이 왠지 불안하고 집중이 잘 되지 않는다. 그것은 뇌가 지난밤에 적절한 휴식을 취하지 못해 생화학적으로 균형을 유지할 수 없었기 때문이다(서동진, 직장인 스트레스, 어떻게 할 것인가). 따라서 상담자는 일상생활 속에서 충분한 잠을 자야 한다. 상담자는 충분한 휴식 내지는 규칙적인 생활 습관 속에서의 휴식이 절대적으로 필요하다.

상담자는 상담과정 속에서 상담과 휴식을 잘 조절해야 한다. 예를 들면, 상담자는 50분 상담하고 20분을 휴식하는 것을 습관화함으로써 자신의 정신건강에 큰 영향을 준

다는 것이다. 이것이 상담자의 정신건강을 유지하는 비결이다. 또한, 상담자는 한가한 시간과 여가시간을 구분하여 즐겨야 한다. 루스 윈터(Rus Winter)는 한가한 시간과 여가와의 차별성을 강조한다. 한가한 시간이라는 것은 사람의 존재를 유지하고 있는 엄연한 현실의 책임으로부터 도피해서 보내는 시간이다.

여가는 사람에게 부과된 책임으로부터 자유로운 시간이다. 여가는 한가한 시간이라든가 휴일, 주말, 장기 휴가처럼 강제적인 것이 아니다. 여가란 자신에게 짐 지워졌던 일상생활에서 벗어나 자유로운 시간을 갖는 것인 만큼 여가시간에는 소극적이지도, 고독하지도 않으며, 몸과 마음이 일치하여 밖으로의 자극을 모조리 흡수하려는 인간의 상태에 놓여 있는 것이다(Rus Winter, 스트레스와 갱년기). 이처럼 상담자는 여가시간을 통한 휴식을 즐기든지 휴식자체를 즐긴다든지 간에 휴식을 통한 정신건강을 지켜야 한다. 상담자의 적절한 휴식은 상담에서 오는 스트레스를 치료하고 미리 예방하여 정신건강에 매우 중요하다.

② 상담자의 운동

상담자는 자신에게 적합한 운동을 통해서 정신건강을 치유하고 유지할 수 있어야 한다. 인간에게 운동은 육체 건강을 위해서 매우 좋은 것이다. 그러나 최근에는 육체와 정신이 함께 한다는 전인적인 치료 입장에서 인간의 스트레스 치료에 관심도가 높다. 운동효과는 첫째, 육체와 정신에 참을성과 강인한 힘을 길러준다. 둘째, 신체적인 것은 우아함을 더해 준다. 셋째, 만성 피로, 만성적 긴장, 퇴행성 질환 유발 요소를 줄여 준다. 넷째, 혈액 순환을 좋게 한다. 다섯 번째, 스트레스를 받았을 때 나오는 아드레날린의 분비를 감소시키는 등의 효과를 설명하였다. 운동방법에 있어서는 나이와 신체적 능력에 맞는 종목으로 적은 양이라도 꾸준히 하고 어떤 운동이든지 시작할 때 10분은 워밍업이 필요하다는 것이다. 식사 후에는 소화될 때까지 2시간은 기다리고 지나친 경쟁심을 피하고 최소한 일주일에 3번, 20분 이상하며 근육과 심장에 스트레스를 주는 것은 피해야 한다고 설명한다(이홍식, 스트레스 프리웨이).

또한, 숨쉬기 운동으로 깊은 심호흡 또한 스트레스 치료에 효과를 설명하는 이론도 있다. 이 심호흡은 정신적인 스트레스와 긴장을 푸는데 효과가 높다. 그 방법은 평안하고 바른 자세로 눈을 감은 상태에서 숨을 깊게 들여 마신 다음 아주 천천히 내쉬다가 멈추고 내쉬고 멈추는 행동으로 들여 마신 공기를 최대한 밖으로 내보내는 것을 3-5회 반복하는 심호흡 운동이다(서동진, 여성 스트레스 어떻게 할 것인가). 이 외에도 상담자가 할 수 있는 운동으로 수영, 테니스, 농구, 검도, 헬스 등이 있다. 그러므로 상담자는 자신의 형편과 처지에 맞게 최소한 하나씩은 선택하여 규칙적인 운동을 함으로써 정신건강을 치유하고 증진시키며 예방해야 한다.

4) 상담자의 재교육

상담자는 관련 교육기관에서 상담과목을 이수하고 소정의 절차를 밟아서 만들어진다. 그러나 진정한 상담자는 상담자가 되기 위해서 일정한 과정을 수료한 후에도 계속되는 재교육 또는 보수교육을 통해서 상담자 스스로가 자신을 상담하고 기술과 경험을 습득해야 한다. 이러한 일련의 행위는 상담자에게 발전을 줌과 동시에 스스로 탈진과 위기에 처하는 것을 방지하는 효과가 있다. 따라서 상담자를 양성하는 교육기관에서는 상담자들을 배출하는 것으로 만족하는 것이 아니라 상담자들의 재교육을 통해서 계속 도와주어야 한다. 또한, 상담자는 스스로가 상담에 관한 재교육을 연차적으로 계획하고 실천하는 것이 더욱 중요하다.

5) 거룩한 종교 행위

상담이란, 인간이 인간에게 받은 상처와 아픔을 인간인 상담자를 통해서 치유 받고자 하는 행위이다. 이러한 과정에서 상담자는 내담자인 인간으로 하여금 스트레스를 받게 된다. 따라서 인간적인 방법으로는 상담자의 스트레스를 온전히 해소하거나 대처할 능력을 얻기란 한계가 있다. 이러한 문제를 필자입장에서 방법을 제시한다면, 기독교적인 거룩한 종교 행위라고 본다. 근본적인 이유는 하나님께서는 인간을 창조하신 분으로(창세기 1-2장), 인간의 상담자이시고(이사야 9: 6), 치료하시는 분(출애굽기 15: 26)이기 때문이다. 이 하나님께 거룩한 경배를 드리는 예배 행위 또는 경건의 시간은 상담자의 정신건강을 온전하게 하며, 치유받을 수 있게 한다. 이는 하나님을 절대적으로 의지하는 행위로 상담자의 문제를 해결받는 첩경이 된다(Charls R. Swindoll, *Stress* 긴장, 스트레스 해소). 그러므로 상담자는 개인적으로 다양한 방법을 통해 거룩한 종교 행위를 함으로써 자신의 정신건강을 지키며 치유해야 한다. 이는 영적인 능력으로서의 정신건강을 성숙시키는 것을 의미한다.

상담 심리학자 롤로 메이(Rollo May)는 상담자의 인격을 논하면서 치료 기술이 상담자 자기 자신이 되어야 한다고 언급했다(Rollo May, *The Art of Counseling*). 이 말의 의미를 여러 측면에서 해석할 수 있으나 필자는 상담자의 정신건강이 상담의 기술에 근본으로서 상담의 성공과 실패를 좌우한다고 해석한다. 상담자가 얼마나 건전한 정신건강을 가지고 있느냐는 상담자 자신은 물론 내담자에게 지대한 영향력을 행사한다.

레오나드(Geroge E. Leonard)는 성공적인 상담을 위해 상담자의 성장을 강조했다(John J. Pietrofesa/ George E. Leonard/ William Van Hoose, *The Authentic Counselor*

). 이는 상담자의 성장이 내담자의 성장과 연결된다는 의미이다. 상담자가 자신의 정신건강을 관리하는 것은 상담자로서 기본 윤리이며, 훌륭한 상담자가 되는 길이다. 그러므로 상담자는 자신의 정신건강을 항상 점검하고 유지하는데 시간을 투자해야만 한다.

VIII. 대면상담 실제

Face to Face
Counseling

1. 개인상담

1) 개인상담의 이해

개인상담(個人相談 : individual counseling)은 상담자와 내담자가 일대일의 대면관계(face-to-face)를 통하여 마음과 마음으로 대화하는 상담의 기본 형태이다. 개인상담은 일대일 면접상담이라고도 한다. 개인이 가지고 있는 여러 가지 형태의 문제를 개별적 면담을 통해서 해결하는 상담의 한 형태로 흔히 집단상담(集團相談)과 대비되어 사용된다. 개인상담은 단순히 정보나 지식을 제공하기보다는 감정·태도·동기·행동성향 등의 명료화와 변화의 촉진이 그 초점이 된다. 개인상담은 내담자의 문제에 대해서 원가족과의 관련성을 충분하게 고려하는 가운데 상담을 진행해 간다.

2) 개인상담의 장점

개인상담은 상담자와 내담자의 라포형성을 기초로 융통성을 가지고 상담의 효율성과 정확성을 높일 수 있다. 개인상담은 집단상담과는 다르게 상담자와 내담자가 서로 합의하면 상담의 수준 조절이 가능하다.

3) 개인상담의 단점

개인상담은 내담자 자신이 자신의 문제로부터 회복하려는 자발적 의지가 필요하다. 내담자에게 있어서 개인상담은 자신을 자세하게 노출해야 하는 부담감이 있다. 상담자 입장에서 개인상담은 상담자 자신의 신체, 심리정서, 가치관, 인생관, 전문성을 노출해야 하는 부담감이 있다. 따라서 상담자는 내담자에게 상담내용에 해단 상담윤리의 비밀준수에 대한 부분을 설명하고 약속함으로써 내담자를 안심시켜야 한다.

4) 개인상담 실제

(1) 화제유도 (3-5분)

* 처음 만났을 때 계절과 날씨에 맞는 대화로 시작한다.

　- 날씨가 봄기운이 도네요.
　- 날씨가 참 덥지요.
　- 이제 날씨가 가을이네요.
　- 날씨가 쌀쌀해졌네요.
　- 상쾌한 아침이네요
　- 비가 많이 오네요.
　- 장마가 시작되나 봐요.
　- 눈이 많이 오네요.

◉ 상담하는 시간 때에 맞는 계절감각, 날씨의 청명여부, 체
　감적으로 느낌을 가지고 대화를 한다.

* 내담자의 외모에 초점을 두고 대화로 시작한다.
　- 인상이 참 좋으시네요.

- 젊어 보여요.
- 핑크색이 잘 어울리시네요.
- 안경이 잘 어울리시네요.
- 신발이 멋져요.
- 귀걸이가 잘 어울리시네요.

◉ 내담자를 보는 순간 관찰되는 외모에 대해서 칭찬과
  격려의 말로 대화를 한다.

* 내담자의 감정과 느낌에 초점을 두고 대화를 시작한다.

- 상담실에 오신 느낌이 어떠세요.
- 상담실에 오시면서 무슨 생각을 하셨나요?
- 지금 마음이 어떠세요.
- 요즘 어디에 관심이 많으세요.

◉ 내담자의 가벼운 감정과 정서를 표현할 수 있는 기회를 주
  면서 대화를 한다.

(2) 개인상담 5회기 실제

상담과정에서 상담자는 내담자의 말과 행동, 표현, 비언어적 행동 등을 보면서 수정해야 할 것, 제거해야 할 것, 보완해야 할 것, 극복해야 할 것, 그리고 성장 또는 성숙해야 할 것에 대해서 정리하고 분석하고 진단하여 도와주어야 한다.

▣ 1회기 (50분)

1단계 상담구조화 (10분)

상담자는 1단계에서 상담의 장소, 회기, 시간, 상담료 (유료상담시), 그리고 상담의 목표에 대하여 이야기하고 확정한다. 상담의 목표는 내담자가 요구하는 목표를 중심으로 전문가 입장에 상담자의 목표를 부가할 수 있다. 반드시 내담자와의 합의된 상담목표이어야 한다. 이 부분에 대해 상담일지에 기록하는 것을 원칙으로 한다.

* 상담신청서, 상담동의서, 상담서약서에 대해 설명하고 작성
한다.

상담목표, 회기, 시간, 장소에 대한 구조화는 상담을 진
행하면서 합의하에 조정할 수 있다.

2단계 내담자의 감정표현을 돕는다 (15분)

현재 내담자가 가지고 있는 감정과 정서, 느낌에 관해
질문하고 표현하도록 돕는다.

- 지금 가장 힘든 것이 무엇입니까?
- 지금 하고 싶은 것이 있다면 무엇을 하고 싶으세요.
- 지금 "부모님에게, 남편에게, 아내에게, 자녀에게,
  시어머니에게," 하고 싶은 말이 있다면 어떤 것이
  있나요?

3단계 문제 대상과 상황에 대한 표현을 돕는다 (15분)

현재 내담자와 문제를 일으키고 있는 대상과 환경에 대해서 표현하도록 돕는다.

- 지금 "가족이, 남편이, 아내가, 자녀가, 시어머니가" 어떻게 말하고 행동해 주었으면 좋겠습니까?

* 이때 상담자는 무조건적 긍정적인 표현과 격려 또는 칭찬으로 공감해 주어야 한다.

- 그럴 수 있겠네요.
- 그랬군요.
- 그렇지요.
- 힘드셨겠네요.
- 얼마나 힘드셨어요.
- 잘 참으셨네요.
- 그 마음 알 것 같아요.

4단계 감정표현의 정화를 위한 질문 (10분)

1-2단계에서 내담자의 표현을 잘 경청하고 내담자의 인지적 사고를 정화시켜 주기 위한 질문을 할 수 있다.

- 왜 남편이 그랬다고 생각하세요?
- 그때 마음이 어떠했습니까?
- 그때 그런 마음이셨다면, 지금은 마음이 어떠세요?
- 그런 상황이 되면 어머님께서는 어떻게 말했을 것 같습니까?
- 그런 상황이 되면 어머님께서는 어떻게 행동했을 것 같습니까?

* 내담자가 같은 상황에서 상대방의 입장에서 감정과 느낌을 표현하도록 돕는다.

5단계 과제 및 마무리

다음 회기에 올 때 자신의 가계도를 간략하게 그려오라

고 숙제를 준다. 이 과정을 통해서 자신의 과거의 삶을 돌아볼 시간을 갖게 되면서 스스로 자신을 상담(self-counseling)하게 된다. 이때 기본적인 서식을 주어야 한다.

◾ **2회기 (50분)**

1단계 (35분)

가계도를 통해서 내담자의 성격, 감정, 정서, 인지적 사고 등을 분석한다.

내담자가 그려온 가계도를 직접 보면서 질문하고 답함으로써 내담자의 정서적 흐름을 분석하게 된다.

- 아버지와의 관계에서 좋은 기억과 나쁜 기억들에 대한 현재의 감정을 표현하게 하고, 그에 따라서 내담자에게 형성되었을 인지적 사고와 정서 유형을 분석할 수 있다.

- 어머니와의 관계에서 좋은 기억과 나쁜 기억들에 대한

현재의 감정을 표현하게 하고, 그에 따라서 내담자에게
형성되었을 인지적 사고와 정서 유형을 분석할 수 있다.
- 형제자매와의 관계에서 좋은 기억과 나쁜 기억들에 대
한 현재의 감정을 표현하고, 그에 따라서 내담자에게
형성되었을 인지적 사고와 정서 유형을 분석할 수 있
다. 현재 그들의 삶에 안정 정도와 그들에 대한 감정을
표현할 수 있도록 돕는다.

지금 배우자와의 정서적, 감정적 관계의 흐름이 어떠한
지를 질문하고, 좋은 점과 나쁜 점에 대해서 표현하도록 돕
는다. 또한, 지금 자녀들과의 정서적, 감정적 관계에 흐름
이 어떤지를 질문한다. 그런 후 좋은 점과 나쁜 점에 대해
서 표현하도록 돕는다.

2단계 (10분)

가계도 분석을 통해서 내담자가 긍정적인 부분과 부정
적인 부분에 영향을 받았을 만한 정서와 감정들에 대해서
간략하게 대화를 한다.

3단계 과제 및 마무리 (5분)

다음 시간까지 자신의 어린 시절, 청년 시절, 결혼 전에 좋았던 점에 대해서 간략하게 적어오기를 숙제로 한다. 이러한 내담자의 가정 배경과 성장 배경을 돌아보는 시간을 통해서 자신을 상담하는 과정을 갖게 된다.

■ 3회기 (50분)

1단계 가정 배경 통찰 (25분)

가정 배경을 이야기함으로써 내담자의 성장 배경을 스스로 통찰하게 되면서 자신의 성격과 정서를 이해할 수 있도록 돕는다. 결혼한 사람은 배우자의 가정 배경에서 성장 배경을 이해하고 자신과 다른 환경에서 성장한 것에 대해 인정할 수 있도록 돕는다. 이 과정을 통해서 서로가 틀린 것이 아니라 다른 것을 인정할 수 있도록 돕게 된다.

- 내담자 자신과 다른 배우자의 가정 배경과 성장 배경을 이야기함으로써 생각되는 것, 이해하는 것에 대한 느낌과 감정을 표현하도록 돕는다.

- 내담자가 성장한 가정 배경과 환경 속에서 내담자의 형제자매들에 대한 현재 상황에 대해서 이해하고 공감할 수 있도록 돕는다.

- 자신과 비슷한 삶을 살고 있는지, 아니면 형편이 더 좋은지, 나쁜지에 대한 것을 자연스럽게 이야기함으로써 자신의 삶에 대한 부분을 올바로 인지하고 통찰(이해)할 수 있도록 돕는다.

2단계 가정 배경 재정리 (20분)

2단계에서 상담자는 내담자가 1단계에서 표현한 이야기들에 대해서 내담자가 표현하고 인지하고 있는 것에 대한 차이점, 공통점 등에 대해 경청했던 것을 자연스럽게 재정리할 수 있도록 돕는다.

3단계 과제 (5분)

내담자의 문제 상황에 대해 자신의 역할과 상대의 역할이 있다면 어떤 것이 있겠는가를 생각해 오기 또는 간략하게 기록해 오도록 한다. 이 숙제를 통해서 내담자가 수정하고 제거하고 보완하고 극복해야 하는 부분을 탐색할 수 있도록 돕게 된다.

◼ 4회기 (55분)

이 회기에서는 내담자가 과제를 가지고 온 것을 토대로 확장시켜 가면서 실천할 수 있는 방안에 대하여 대화로 돕는다.

1단계 수정해야 할 것 (10분)

상담자는 내담자의 이야기를 경청하면서 내담자가 수정해야 할 언어패턴, 행동, 태도, 자세들에 대해서 분석하고 진단해야 한다. 상담자가 분석한 부분들에 대해서 내담자와 이야기하고 수정해야 한다는 인지적 변화를 갖도록 돕는다. 내담자는 상담자가 제시하는 부분에 대해서 자신의 문제에 대해서 대처하고, 회복하기 위해 수정해야 할 부분에 대해서 도움을 받는다. 이 과정에서 상담자는 내담자를 지지하고 격려하며, 수정할 수 있는 방법론에 대해서 정보제공 기법, 설명과 해석 기법을 통해 돕게 된다.

2단계 제거해야 할 것 (10분)

이 단계는 수정의 단계보다는 좀 더 심화된 단계로 전문성이 더 요구된다. 이 단계에서는 내담자가 장기간 반복해 왔던 습관과 태도, 부정적인 삶의 스타일을 제거하는 것으로, 내담자의 저항이 심하게 된다. 내담자는 자신의 삶의 스타일이 전부인 것처럼 살아왔기 때문에 쉽게 바꾸려고 하지 않는다. 막상 내담자가 바꾸려는 의지를 갖고 있더라도 실천하기는 어렵다. 따라서 상담자는 내담자가 자신의 문제에 대해서 수용할 수 있도록 도울 뿐만 아니라 자신의 문제에 대해서 직면할 수 있도록 도와야 한다. 이 단계에서 상담자의 전문성과 용기 있는 태도가 요구된다. 상담자가 내담자의 문제에 대해서 직면시킬 때에 저항에 대해 대처할 수 있는 정확한 분석과 전문성, 그리고 용기가 필요하다. 그렇게 될 때 내담자는 갈등, 고통, 반발로 인한 심리적 부담감을 갖게 된다. 그러나 상담자는 내담자는 이 제거의 단계를 거쳐야 한다는 사실을 분명히 하고 상담을 진행해야 한다.

3단계 보완해야 할 것 (10분)

상담을 한다는 것은 내담자의 인식 및 삶의 습관, 태도에서 대해서 다 수정하고 제거하는 것이다. 상담자의 전문성은 상담하는 과정에서 내담자가 보완을 해야 할 부분들에 대해서 통찰할 수 있어야 한다. 상담자는 내담자가 자신의 문제에 대해서 보완해야 할 것을 분석하고 설명해 주어야 한다.

4단계 극복해야 할 것 (10분)

상담자는 상담과정에서 내담자가 자신의 문제 상황을 극복하기 위해서 수정, 제거해야 할 것에 대한 탐색은 물론 극복해야 할 부분도 탐색해야 한다. 상담자는 내담자의 문제 상황에 대해 이야기를 들으면서 내담자 스스로가 극복해야 할 부분에 대해서 진단해야 한다. 상담은 내담자가 자신이 자신의 문제를 자발적으로 풀어나갈 수 있도록 도움을 주는 과정이다. 따라서 상담과정에서 상담자는 내담자가 정서적, 물리적, 환경적으로 극복해야 할 부분에 대해서 정보를 제공하고, 지지해줌으로써 극복할 수 있도록 도움을 주어야 한다.

5단계 성장과 성숙 (10분)

상담자는 내담자의 문제 상황이 수정되고 제거되면서 보완해야 할 부분과 극복해야 할 부분을 분석한 후 성장과 성숙을 줄 수 있는 자원에 주목해야 한다. 다시 말해서, 내담자가 자신의 문제를 해결할 수 있도록 심리적, 인적, 물리적 자원을 관찰해야 한다. 상담자는 내담자가 가지고 있는 자원을 기초로 내담자의 회복을 도울 수 있다. 따라서 상담자는 내담자가 가지고 있는 자원들을 어디에 어떻게 활용하고 적용해야 하는지에 대한 통찰과 분석, 적용이 필요하다. 왜냐하면, 상담은 내담자의 문제를 상담자가 해결해 주는 것이 아니고 내담자 스스로가 해결할 수 있도록 도와주는 과정이기 때문이다.

6단계 과제 및 마무리 (5분)

내담자가 잘 할 수 있는 것, 재미있어 하는 것, 장점, 특기, 취미 생활 등 자원에 대해서 간략하게 기록해 오도록 한다. 내담자를 힘들게 하는 상대에 대한 긍정적인 부분을 기록해 오도록 한다.

▣ 5회기 (60분)

1단계 실천 행동 재정리 (10분)

과제에 대한 점검과 더불어 적용할 수 있도록 의견을 교환하고 현실적으로 실천 가능한 부분부터 구체적인 적용을 돕는다. 그동안 회기에 대해서 내담자가 스스로 정리하여 이야기를 할 수 있도록 돕는다. 내담자의 감정, 생각, 의지를 재정리할 수 있도록 도와주어야 한다.

2단계 내담자의 자원 구체화 (10분)

내담자가 자신의 문제를 극복하고 회복하는데 도움이 되는 자원에 대해서 구체화시킬 수 있도록 돕는다. 내담자의 호소에 대한 공감을 재시도하고 내담자가 목표로 하고 있는 부분을 점검하고 전문가로서 도울 수 있는 부분에 대해 정보제공과 탐색을 돕는다. 내담자의 인적, 물적, 정서적, 성격 및 스타일에서 장점을 고려하여 내담자의 문제 해결의 자원으로 활용할 수 있다.

3단계 행동실천을 위한 격려, 지지 (10분)

내담자가 문제 상황을 회복하기 위해서 내담자가 할 수 있는 역할을 최대한으로 발휘할 수 있도록 격려하고 지지하며, 설명하고 해석해 준다. 그리고 정확한 정보제공을 해 줌으로써 실천에 옮길 수 있도록 돕니다. 내담자의 정서적 안정과 내담자에게 있는 자원에 대한 조정과 실천을 할 수 있도록 격려하고 용기를 준다.

4단계 긍정적 미래 독려 (10분)

내담자가 자신의 문제에 대해서 역할을 하지 아니할 때 미래에 벌어질 상황에 대해서 이야기함으로써 긴장감을 주고, 이 시점에서 긍정적인 행동을 할 수 있도록 독려하고 지지한다.

5단계 내담자의 행동지침 재점검 (10분)

내담자 스스로가 자신의 상황을 극복하고 회복하기 위한 수정부분, 제거부분, 보완부분, 극복부분, 성장과 성숙을 위한 부분에 대한 대화를 나누고 기록하여 정리하면서 회기 종결을 한다.

6단계 상담종결 (10분)

이 단계는 1회기 때에 정한 상담의 목표 점검과 내담자의 느낌에 대해서 말한다. 최종 점검하고 상담 5회기를 더 할 것인지, 집단상담을 해야 할지 여부, 또는 다른 상담사와 기관에 의뢰하는 것이 효과적인지 등에 대해서 자연스럽게 이야기한다. 여기에서 이야기된 것에 대해서 협의하여 진행한다.

- 상담자는 추후 상담에 대해서도 내담자와 협의한다.
  * 추후 상담은 상담종결 후에 일정한 간격으로 내담자의 상황에 대해서 점검해 주는 것이다.

내담자와 상담자의 일치된 판단으로 상담을 더 진행하고자 할 때에는 상담의 구조화를 다시한 후 5회기를 다시 할 수 있다. 그러나 회기 반복은 두 번 정도하는 것이 이상적이다.

* 5회기를 두 번 한 후에도 결과가 좋지 않았다면, 다른 상
담소나 상담사에게 의뢰하는 것이 상담윤리이다.

2. 방문상담

방문상담은 내담자의 요청과 상담자의 판단으로 약속
장소(집, 학교, 사무실, 커피숍, 기타 장소)에 찾아가서 상
담을 진행하는 것을 의미한다. 방문상담은 주로 초기상담
으로 이루어진다. 그러나 내담자의 상황에 따라 본 상담을
진행할 수 있다. 예를 들면, 내담자가 몸이 불편하거나 한
부모가족의 경우 경제적인 여건 및 어린 자녀가 있는 경우
이다.

1) 방문상담 지원 서비스

방문 상담은 심리적 상담 이외 긴급지원 서비스가 있을
수 있다. 예를 들면, 사회복지 관련 서비스, 의료 및 법률서
비스 지원, 보호시설 연계 등의 서비스, 또는 경찰출동 서

비스가 필요할 수 있다. 따라서 방문상담자는 이러한 부분을 충분히 고려하고 준비 및 협조를 요청해야 한다.

2) 방문상담 요건

- 임신 중
- 출산 후
- 자녀가 너무 어릴 때
- 자녀를 돌봐 줄 사람이 없을 경우
- 주변사람들에게 노출되기를 싫어하는 상황
- 경제적인 사정으로 인해 직장 및 근무지 방문상담
- 몸이 불편할 때에 방문상담
- 정서적 혼란이 극대화 될 때 방문상담

3) 방문상담 상담원의 준비

- 방문상담 전에 정확한 사실 및 실태 파악
- 사실 및 실태 파악에 따른 실제적인 준비

(1) 인력준비

- 방문상담의 준비는 내담자가 현장에서 도움받을 수 있는 사회복지사, 심리치료사, 법률자문, 의료진, 경찰관 및 변호사 등 다양할 수 있다.

(2) 물리적 준비

- 사회복지 차원에서 경제적 도움으로 의식주 중 당장 시급한 부분에 대해서 지원받을 수 있는 부분을 준비할 수 있으면 좋다.

(3) 상담심리 측면 준비

- 심리검사지 및 도구들이 필요함.
- 상담회복의 필요한 영상물과 그외 필요한 자료들.
- 노트북 또는 그에 상응하는 장비.

(4) 방문상담의 수칙

- 방문상담은 상담자와 보조 상담자 2인 1조로 방문한 다.
- 방문상담자는 상담소에 사전 보고를 해야 한다.
- 방문상담 시 상담소에는 상담사가 대기해야 한다.

* 긴급 조치 및 도움이 필요할 수 있기 때문이다.

4) 방문상담의 절차

1단계 방문일정 구조화

- 방문상담 전에 내담자에게 방문상담 일정을 상세하게 설명하고 동의를 얻어야 한다.

* 몇 시부터 몇 시까지 방문할 것인지

- 방문상담 시 어떠한 사람이 몇 명 방문할 것인지를 사전 설명하고 동의를 얻어야 한다. 내담자 입장에서는 너무 많은 사람이 방문하는 것이 부담스러울

수 있다. 또는, 특정 직업인에 대한 부담감을 가질
수 있기 때문이다.

2단계 방문 10분 전 연락

- 방문당일 출반 전 내담자에게 연락해야 한다.
- 방문도착 10분 전에 연락하는 것이 좋다.

* 내담자로 하여금 상담자를 맞이할 준비 기회가 될 수 있다.

3단계 다음 상담일정 구조화

- 상담은 사전에 안내한 일정대로 진행하는 것을 원칙
  으로 하되 내담자를 위해 변경이 필요할 경우 내담자
  의 동의를 얻어 진행할 수 있다. 다음 방문상담 일정
  을 구조화 한다.

4단계 방문상담 후 서비스

- 방문상담 후 상담소에 돌아와서 간략하게 피드백을

줄 수 있다. 방문상담 시 내담자의 반응과 상황에 따라서 전화 통화 또는 문자, 카카오톡 중 어느 것을 통해서 해야 할지를 판단해야 한다.

5단계 방문상담 종결 및 회의

- 방문상담 후 상담소에 복귀해서 상담일지 기록 및 행정적인 부분을 정리한다.

- 상담소 소장 또는 센터장에게 간략하게 보고한 후 협조 요청해야 할 부분이 있으면 보고한다.

- 다음 방문상담을 위해서 필요하다면 회의를 요청할 수 있다.

3. 가족상담

1) 가족상담 이해

가족상담은 개인상담의 단점을 보완하는 상담이다. 가족상담은 한 개인의 문제 원인이 원가족의 유전적인 면과 정서적 환경적인 것에 있다는 점을 전제한다. 가족상담은 가족구성원의 의사소통 유형, 권위적인 태도, 힘의 불균형, 가족체제의 불균형, 경제적인 상황을 고려해야 하는 상담이다. 가족상담은 가족구성원의 관계성에 초점을 두고 가족의 체계를 변화시켜 가족구성원들의 증상 제거와 문제를 개선하려는 상담이다.

가정은 개인을 사회인으로서 성장시키는데 매우 중요한 조직체이다. 인간은 가정이라는 기본단위의 조직생활을 하면서 자신의 인격, 성격, 성품, 그리고 삶의 방식을 형성하게 된다. 따라서 한 개인을 이해하고 분석하여 상담을 하기 위해서는 그 가족을 알아야 한다. 한 개인을 치료하기 위해서는 가족전체의 이해와 치료가 필요하다는 것을 전제로 하여 가족상담이 진행되어야 한다.

2) 가족상담자는?

안내자

가족이 스스로 기능할 수 있는 방법을 분석하고 발견하는 과정을 안내해 주고 객관적으로 조사해 주고 설명해 주어야 한다.

교사 모델

가족 구성원이 변화하는 방법을 가르쳐 주고 가족 구성원이 취해야 하는 자세와 태도, 그리고 행동들을 잘할 수 있도록 모델의 역할을 보여주어야 한다.

지도자 지휘자

가족이 회복하는데 있어서 긍정적인 변화에 반응하고 적응할 수 있도록 적극적으로 돕고 지도하는 역할을 하는 것이다. 가족상담자는 그 가족의 문제가 되는 생활습관 및 의사소통으로부터 벗어나도록 격려하고 용기를 주어야 한다.

참여자 동료

가족의 질서체계, 언어체계, 관습체계에 대해 동참하면서 가족의 변화를 능동적으로 이끌어 가는 역할을 해야 한다.

3) 가족 상담자의 태도

긍정적인 태도

가족을 효과적인 기법으로 다룰 수 있는 자신감을 갖고 상담에 임한다. 가족은 문제해결의 자원과 힘을 가지고 있다는 긍정적 자세를 가지고 상담해야 한다. 가족은 문제를 변화시킬 수 있는 다양한 방법을 알고 있다는 자세로 상담을 진행한다. 그 방법을 깨닫고 실천할 수 있도록 돕는 것이 상담자의 역할이다.

가족은 상담자가 제안한 문제해결 방법들을 잘 수행할 수 있다는 신념을 가지고 상담한다.

가족에 대한 체계적인 관점

문제가족이 그들만이 가지고 있는 가족의 역사와 발달적 측면에서 문제를 이해할 수 있도록 돕는다. 원가족(부모가족)으로부터의 경험을 토대로 정서적 문제를 이해할 수 있도록 돕는다. 가족체계 관점은 가계도를 이용한 주요

가족원의 위치와 정서적 갈등과 충격 정도를 이해하고 수용할 수 있도록 돕는다. 이상의 가족자원체계에서의 상담을 받고 있는 사람은 가족과 어떻게 관계를 개선할지와 역할에 대해서 알 수 있도록 돕는다.

4) 가족상담자의 역할

내담자를 믿고 그의 생각과 의도를 신뢰한다.

가족상담은 가족 구성원의 능력과 자존감을 신장시키는 것을 목표로 한다. 따라서 내담자의 능력을 인정하고 신뢰하면서 상담을 진행한다.

상호작용의 과정을 추적한다.

가족 구성원들이 상호작용하는 관계, 언어체계, 생활습관 과정을 집중적으로 살펴본다. 가족구성원 중 좀 더 기능적인 구성원을 지원하고 도움을 받는다.

가족의 관련된 다양한 가능성을 관찰하고 탐색한다.

구성원들이 더 좋은 생각을 가질 수 있도록 격려하고 용기를 준다. 가족회복의 도움이 되는 새로운 정보를 소개한다. 가족은 오랜 세월 가지고 있는 다양한 체계가 있다. 상담자는 이 체계를 서로가 수용할 수 있도록 돕는 것이다. 또한, 새로운 가족체계의 학습을 관찰하여 서로를 지지하고 격려할 수 있도록 한다. 한부모가족 상담자는 가족의 회복을 위한 모델설정 및 지도, 지시 및 실행과 감리 감독을 돕는다. 그리고 이 모든 것에 서로의 피드백을 할 수 있도록 도와준다.

가족 구성원 간의 질서체계와 출생서열의 재정립을 돕는다.

가족 구성원의 "나"의 위치를 재구성하고 유지시키는 것을 돕는다.

가족 구성원 간의 저항을 극복할 수 있도록 돕는다.

가족 구성원을 이해하고 입장을 지지, 친밀한 접촉, 가족의 위계질서를 존중하여 그에 따른 불만이 없도록 한다.

상담자는 가족이 문제해결을 할 수 있는 가족 구성원들의 자원 및 지지체계를 서로 연결시켜서 도움이 될 수 있도록 돕는다.

5) 가족상담 유형

공동가족상담

공동가족상담은 1인 또는 2인 이상의 상담자가 한 가족과 상담을 진행한다. 가족상담은 처음부터 전체가족을 대상으로 할 수도 있고 필요에 따라 개인, 부부, 형제자녀, 가족전체 등으로 상담대상을 바꾸어 가면서 순환적으로 상담할 수 있다. 공동가족상담 진행시 상담자들은 정기적인 상담관련 회의를 통해서 내담자 가족에게 필요한 부분을 공유하고 돕게 된다. 가족상담은 1주에 한 번씩 진행하되 6개월 이내에 10회 또는 25회 정도로 하는 단기 가족상담이 일반적이다. 특별한 경우, 위기상황에는 가족이나 개인을 매일 상담하여 한달 이내에 종결하는 경우도 있다.

다중영향 가족상담

다중영향 가족상담은 가족상담자, 정신과의사, 사회복지사, 임상심리사. 건강지도사, 변호사, 종교지도자 등 내담자 가족에게 도움이 되는 전문가들과 한 팀이 되어 상담을 진행하는 것이다. 다중영향 가족상담은 한 가족과 그 가족의 가까운 사람을 불러 한 장소에 기거하면서 2~3일간 집중적으로 치료하는 방법이 있다. 이 가족상담은 주로 위기상담으로서 이혼, 죽음 등의 갑작스러운 사건으로 인한 외상 후 스트레스 장애를 경험한 가족을 대상으로 한다. 또한, 다중영향 가족상담은 회기를 정해 놓고 그 회기에 필요한 전문가와 함께 진행하는 방법도 있다.

네트워크 가족상담

한 가족이 위기상황에 처했을 때 자발적인 문제해결 능력이 없다고 판단될 때에 진행하는 상담이다. 그 가족의 친구, 이웃, 친척, 동료 등을 참여시켜서 지지 세력을 통해서 위로와 격려를 제공하면서 진행하는 방법이다. 2주 내지

한 달에 한 번씩 네트워크 지지자들은 문제가족이 회복되기까지 계속 돕고 자문역할을 한다. 이 전체 상황에서 가족상담자는 자연스럽게 체계적인 진행을 돕는다.

복수가족상담

복수가족상담은 2인 이상의 치료자가 3가정 이상의 가족원을 모아놓고 치료를 하는 방법으로 주로 정신분열증 환자 가족을 돕기 위해 사용된다.

6) 가족상담 실제

화제유도 (3-5분)

* 처음 만났을 때 계절과 날씨에 맞는 대화로 시작한다.

  - 날씨가 많이 덥지요. 어떤 계절을 좋아하세요.
  - 봄이 왔나 봐요.
  - 이제 날씨가 가을이네요.

◉ 상담하는 시간 때에 맞는 계절감각, 날씨의 청명여부, 체
감하는 것을 가지고 대화한다.

* 가족의 분위기에 초점을 두고 대화를 시작한다.

　- 아들이 참 남자답게 생겼네요. 아버님 닮은 것 같네요.
　- 딸이 예쁘게 생겼네요. 엄마 닮았나 봐요.
　- 가족이 함께 모이니까 보기 좋아 보여요.
　- 이렇게 가족이 함께 모인 것이 얼마 만인가요.

◉ 내담자 가족에게 의미 있는 질문을 하므로 가족의 분위기
를 관찰한다.

* 내담자의 감정과 느낌에 초점을 맞추며 대화를 시작한다.
　- 이렇게 가족이 다 모이니까 어떠세요?
　- 오시면서 무슨 생각을 하셨나요?
　- 지금 기분이 어떠세요?

◉ 내담자의 가벼운 감정과 정서를 표현할 수 있는 기회를 주
면서 대화를 한다.

가족상담 과정에서 상담자는 가족의 의사소통, 가족의 역동, 가족 힘의 균형, 가족의 정서, 구성원 간의 감정을 관찰하고 분석해야 한다. 또한, 가족상담자는 가족 내 서열에 따른 역할과 책임, 그리고 인정욕구와 관심에 대한 방향성을 분석해야 한다.

◨ 1회기 (50분)

1단계 상담 구조화 (10분)

상담자는 1단계에서 상담의 장소, 회기, 시간, 상담료(유료상담시), 그리고 상담의 목표에 대해서 이야기하고 확정한다. 상담의 목표는 내담자가 요구하는 목표를 중심으로 전문가 입장에서 상담자의 목표를 부가할 수 있다. 반드시 내담자와 합의된 상담목표이어야 한다. 이 부분에 대해 상담일지에 기록을 하는 것을 원칙으로 한다.

* 상담신청서, 상담동의서, 상담서약서에 대해 설명하고 작성한다.

상담목표, 회기, 시간, 장소에 대한 구조화는 상담을 진행하면서 합의하에 조정할 수 있다.

2단계 가족 간의 순환적 의사소통 (10분)

현재 가족 구성원들이 가지고 있는 마음이나 느낌과 생각에 대해 간략하게 표현하도록 돕는다.

- 지금 이 상황에 대해 어떻게 생각하십니까?
- 상담을 통해서 어떤 부분이 달라졌으면 좋겠습니까?
- 지금 "부모님에게, 남편에게, 아내에게, 자녀에게, 기타 사람에게" 하고 싶은 말이 있다면 어떤 것이 있나요?

3단계 문제 대상과 상황에 대해 표현하도록 돕는다(30분)

현재 내담자와 문제를 일으키고 있는 대상과 환경에 대해서 돌아가면서 의사소통을 하도록 돕는다.

- 우선 이 상황에 문제라고 판단되는 사람에게 하고 싶

은 말을 하도록 한다. 그 다음 그 이야기를 들은 다른
구성원에게 그 이야기에 대해서 자신의 생각을 이야
기하도록 한다. 그 다음은 또 다른 가족에게 바로 앞
에 이야기한 가족의 생각에 대해서 할 말이 있으면
표현하고 말하도록 한다. 그리고 다시 바로 앞에 말
한 것에 대해서 문제의식을 가지고 있는 내담자(당사
자)에게 말을 하도록 한다.

* 이와 같이 가족의 생각과 의견 또는 느낌과 이야기에 대해서
순환적으로 의사소통을 하는 가운데 가족은 서로의 문제를 스스
로 발견하게 된다. 이때 한 구성원이 고립되는 경우가 있는데 상
담자는 이 부분에 대해 고립감을 가지지 않도록 자연스럽게 도
와주어야 한다. 그 구성원에게 해명 또는 자신의 솔직한 생각을
말할 수 있도록 분위기를 조성하고 무의식적 생각들을 이끌어
주어야 한다.

- 왜 그렇다고 생각하십니까?
- 다시 그 입장이 된다면 어떻게 하시겠습니까?
- 그 때 남편이 왜 거짓말을 했다고 생각하십니까?

- 지금 누가 가장 힘들어한다고 생각하십니까?
- 만약에 정반대로 말하고 행동했다면 어떻게 되었을까요.
- 이 문제가 어떻게 해결되었으면 좋겠습니까?

4단계 과제 및 마무리 (5분)

"다음 회기에 오실 때 우리가정의 단점과 장점에 대해서 쪽지로 간략하게 기록해 오시기 바랍니다. 서로가 모르게 하시면 좋겠습니다. 가지고 오셔서 저에게 제출해 주시면 되겠습니다. 이름은 적지 말고 제출해 주세요." 라고 말하며 상담자는 사전에 준비한 쪽지와 봉투를 나누어 준다.

■ 2회기 (50분)

1단계 가족의 단점과 장점에 대해서 생각한다. (10분)

상담자는 가족이 제출한 단점과 장점을 순서 없이 읽어 준다. 이때 단점을 먼저 읽고 장점을 나중에 읽는 것이 도움이 된다.

- 이때 서로가 느끼고 있는 가족의 단점과 장점을 스스로 인식하고 재차 알게 한다. 아주 극단적인 표현은 상담자가 조정해 읽어 주는 것이 좋다.
- 상담자는 쪽지를 읽을 때 듣고 있는 가족들의 비언어적 행동을 관찰해야 한다. 얼굴표정, 시선, 손동작, 헛기침 등.

2단계 단점 극복을 위한 의사소통 (15분)

상담자는 가족의 단점과 해결점에 대해 서로 의견을 이야기하도록 돕는다. 가족의 이러한 단점에 대해서 어떻게 보완하고 수정할 수 있는지에 대하여 가족 구성원의 의견을 모을 수 있도록 순환적 의사소통을 돕는다.

3단계 장점을 살리기 위한 의사소통 (20분)

가족 구성원들이 가족의 장점에 대해 재인식하고 그 장점이 자원이 되어서 가족의 회복과 성장을 도울 수 있도록 상담한다. 어떻게 하면 가족의 장점을 극대화하여 가족의 문제를 극복할 것인가를 서로 이야기하도록 돕니다.

　* 상담자는 가족들이 언급하지 않은 가족의 단점과 장점을 관찰하여 상담을 진행하는 가운데 도울 수 있어야 한다.

4단계 과제 및 마무리 (5분)

　가족의 문제에 대해서 가족 각자의 역할이 있다면 그 역할에 대해서 신중하게 생각해 오도록 과제를 준다.

▣ 3회기 (50분)

1단계 가족을 위해 자신의 역할 이야기 (25분)

　가족의 문제해결과 회복을 위해 자신의 역할에 대해서 솔직하게 이야기하도록 돕는다. 그리고 그 역할에 있어서 누가 도와주길 원하는지 한다. 그런 수 도와주길 원하는 사람에게 의견을 말하도록 한다.

예를 들면,

- 아드님이 아버지가 가족과 함께 시간을 보냈으면 한 다고 했다면,
- 아버님 아들의 의견을 들으시고 하실 말씀이 있으시 면 하시고, 이 부분에 대해서 노력할 수 있는 것은 어 떤 것이 있는지 말씀해 주시면 좋겠습니다.
- 그 다음 아버지께서 이렇게 하신다고 말씀하셨는데 어머니는 어떤 마음이 드십니까? 그리고 어떻게 도울 수 있는가를 질문하고 이야기하도록 돕는다. 어머니 이외에 다른 가족에게 같은 질문과 대답을 하도록 도 울 수도 있다.
- 자신이 가족을 위해 역할을 할 때에 누가 협조했으면 좋겠는가에 대해서도 이야기하도록 한다. 그리고 도 와주어야 하는 사람에게 자신의 의견을 이야기하도록 한다.

2단계 가족의 의사소통 재정립 (20분)

가족 구성원이 대화의 패턴을 서로 이해하게 하고, 수정하고, 보완할 수 있도록 재조정한다.

상담자는 가족의 권위적인 대화, 이중 메시지의 대화, I 메시지가 아닌 대화 등을 관찰하고 분석하여 가족 서로가 재정립할 수 있도록 돕는다.

3단계 과제 및 마무리 (5분)

자신의 역할을 어떻게 실천할 것인가에 대해 간략하게 정리하여 온다. 그리고 다른 가족의 협조를 얻어야 할 사항에 대해서도 정리할 수 있도록 한다.

▣ 4회기 (50분)

이 회기에서는 자신의 역할과 가족조각 활동을 통해서 가족의 상황을 재구성할 수 있도록 진행한다.

1단계 자신의 역할 실천에 대해 이야기 한다. (20분)

과제로 준비해 온 부분들에 대해서 이야기하고 서로 격려하고 용기를 주는 말을 한 번 이상 하도록 돕는다.

- 각자의 역할을 이야기하는 동안에 경청하도록 유도하고 역할에 대한 수정과 보완점에 대한 의견을 나눌 수 있도록 돕는다.
- 자신의 역할 수행에 있어서 협조를 구할 사항에 대해서도 자연스럽게 이야기할 수 있도록 한다.

2단계 가족조각 활동을 한다. (10분)

이 단계는 가족 전체가 적절한 공간에 다 나와서 가족구성원 한 사람씩 돌아가면서 가족이 어떠한 모습이었으면 좋겠는가에 대해서 가족조각을 만들어 보는 것이다.

가족 각자의 위치, 표정, 손의 위치 몸의 위치 등에 대해서 조각가가 되어서 만들어 보는 것이다.

가족조각이 되는 사람은 조각가에 의해서 조각된 위치나 표정을 하면 된다. 약 1분 정도로 정지되어 있으면 된다.

가족조각이 어색한 가족은 상담자가 가족을 대신하여 도와 줄 수 있다.

3단계 가족조각 활동에 대한 느낌을 서로 이야기한다. (15분)

2단계에서 한 가족조각도에 대해서 자연스럽게 느낌이나 생각을 서로 표현하고 이야기하는 시간을 갖는다. 상담자는 서로의 느낌이나 생각을 이야기할 때에 결정적인 표현이 나오게 되면 그 부분은 조금 더 순환적 의사소통을 활용하여 서로에게 피드백을 줄 수 있도록 진행하는 것이 좋다.

4단계 과제 및 마무리 (5분)

다음 주에 올 때 가족이 회복되는 것을 예상해서 어떤 마음일까? 어떤 기분일까? 가족의 문제가 해결된다면, 앞으로 나의 가족을 어떻게 대할 것인지 생각을 한 후 다음 회기에 오라고 과제를 준다.

▣ 5회기 (60분)

1단계 기적의 질문과 대답 (20분)

만약에 우리 가정의 현 문제가 해결되면 어떤 일이 일어날 것인가에 대해 각자 이야기한다. 또한, 지금 가족 문제가 해결되면 어떤 행동을 하게 될 것인가? 에 대한 질문을 하고 대답을 하게 한다.

예를 들면,

- 남편과 아내는 제일 먼저 어떤 대화를 할 것인가?
- 부부사이에 어떤 행동을 할까?

* 함께 식사를 한다든지, 영화를 본다든지, 여행을 떠나든지 등

- 자녀들은 어떤 요구와 행동을 할 것인지
- 자녀들의 태도와 자세는 어떤지

- 가족의 분위기는 어떻게 될 것인지 등에 대해서
  * 가정해서 질문하고 대답해 본다.

2단계 전경과 배경을 통한 통찰 (20분)

가족이 당장 현안 문제만 급하게 보고 있는 것에 대해서 이야기한다. 그 이후에 가족이 아직 겪지 않은, 보지 못하고 있는 작은 행복과 자원에 대한 배경을 보도록 하는 것이다.

실제로 가족 구성원 한 사람이 나와서 상담자 앞에 서게 하고 뒤를 볼 수 없지만 가족이 있다는 사실을 시현하는 것이 좋다. 반대로 상담자를 바라보던 시선을 뒤돌아서기를 통해서 가족을 보도록 하고 순간 전경과 배경이 바뀌는 상황을 설명한다.

상담자는 이러한 간단한 시연을 통해서 전경과 배경은 언제든지 바꿀 수 있다는 사실을 인식시켜 주어야 한다.

예를 들면,

- 경제적으로 어려운 상황에서 가족의 건강을 생각해 보도록 하는 것이다.

* 경제는 (전경) 가족의 건강은 (배경)이다. 더 소중한 것을 전경으로 놓는 작업이다.

- 공부를 잘하지 못하는 자녀에 대해서 사회성이 좋고 친구가 많고 관계가 원만한 것을 깨닫게 하는 것이다.

* 공부 못하는 것은 (전경)이고, 사회성이 좋고 친구가 많은 것은 (배경)이다.

3단계 전경과 배경이 교체되는 상황에 대해 이야기 한다. (10분)

가족의 문제에 있어서 전경과 배경이 바뀌었을 때의 장단점을 심도 있게 이야기하는 것이다. 전경과 배경이 바뀌

었을 때 나타나는 문제점과 이익들에 대해서 재인식하도록
돕는다.

4단계 상담종결 (10분)

이 단계는 상담구조화를 하면서 정한 상담의 목표 점검
과 변화정도를 이야기한다. 최종 점검하고 상담 5회기를
더 할 것인지, 개인상담과 집단상담을 해야 할지 여부, 또
는 다른 상담사와 기관에 의뢰하는 것이 효과적인지 등에
대해서 자연스럽게 이야기한다. 여기에서 이야기된 것에
대해서 협의하여 진행한다.
 - 상담자는 추후 상담에 대해서도 내담자와 협의한다.

 * 추후 상담은 상담 종결 후에 일정한 간격으로 내담자의 상황
   에 대해서 점검해 주는 것이다.

상담자와 전체 가족의 일치된 판단에 있어서 상담을 더
진행하고자 할 때에는 상담의 구조화를 다시 한 후 5회기
를 다시 할 수 있다. 그러나 회기 반복은 두 번 정도 하는

것이 이상적이다.

* 5회기를 두 번 한 후에도 결과가 좋지 않았다면, 다른 상담
소나 상담사에게 의뢰하는 것이 상담윤리이다.

IX. 비대면 상담 실제

Non-Face to
Face
Counseling

1. 전화상담

1) 전화상담 이해

전화상담은 오스트레일리아의 피터 웨스트(W. Peter West)가 **"도움은 전화기처럼 가까운 곳에"** 라는 표어를 내걸고 시작한 **"생명의 전화(Life Line)"** 가 시초이다.

전화상담은 내담자가 자신의 익명성을 보장받으면서 전화라는 매체를 활용하여 자신의 이야기를 할 수 있는 장점이 있는 상담이다.

전화상담은 전화라는 매체를 통하여 신속하고 신뢰성을 바탕으로 문제의 위기 대처를 적절하게 도울 수 있는 상담의 한 형태이다.

신속	신뢰성	위기대처

전화상담은 스마트 폰 시대를 맞이하여 간단하게 기본적인 위기개입에 도움을 받을 수 있는 상담이다.

전화상담은 내담자가 상담자에 대해 불편을 느끼거나 불만이 있으면 언제라도 자유롭게 상담을 중단할 수 있는 것으로 내담자의 자발성과 자유에 의해 상담이 시작되고 종결되는 특징이 있다.

전화상담은 익명으로 자신의 신분(문제)을 노출시킬 필요 없이 체면을 유지하면서 상담받을 수 있는 것으로 내담자의 편의성과 한국인의 정서에 잘 맞는다.

전화상담은 전화기를 매개로 개인의 신상문제, 각종 생활정보와 지식 등에 도움을 받을 수 있는 이점이 있다.

2) 전화상담의 특징

(1) 내담자 입장

전화상담은 내담자의 당면한 문제, 위기상황, 즉각적인

감정의 정화, 스트레스 해소에 대해 익명성을 보장받을 수 있는 상담이다.

전화상담은 내담자의 자발성에 의해서 시작되며 자신의 의지에 의해 중단할 수 있다.

전화상담은 시간과 공간에 제한 없이 언제 어디서나 내담자의 자유로운 선택에 의해 상담의 시작과 중단을 할 수 있는 일방성이 있는 상담이 될 수 있다.

전화상담은 위기상황 즉, 자살충동, 입원환자, 심한 정신적 압력 등에 대해서 즉각적으로 상담을 받을 수 있는 편리한 상담이다.

(2) 상담자 입장

전화상담은 상담자 입장에서 음성언어에 대한 경청과 공감으로만 상담이 진행된다는 단점이 있다. 따라서 비언어적인 부분에 대한 임상훈련과 비언어적인 표현들에 대해 언어적으로 잘 표현할 수 있도록 진행하는 전문적인 기법이 요구되는 상담이다.

전화상담은 일방적으로 걸려오는 것으로 상담자의 즉각적인 대처가 필요하다. 따라서 전화상담은 면접상담보다 상담자의 전문성이 더 요구된다.

전화상담은 위기상담일 경우가 대부분이라 항상 대기하고, 즉각적인 도움을 제공하기 위한 체계적인 운영이 요구된다.

전화상담은 상담자 입장에서도 대면상담보다는 부담감이 적은 상담으로서 비언어적 표현의 노출에 대한 부담감이 적다. 전이와 역전이에 대한 부담감이 적은 상담이다.

전화상담은 내담자의 이야기와 목소리를 경청하면서 상담내용을 자연스럽게 메모하고 상담전략을 구상하는 일에 있어서 면접상담보다는 용이하다.

전화상담은 1회성 상담이 대부분으로 30분, 60분 안에 즉각적으로 대처해야 하는 부담감이 있다.

전화상담은 장소와 시간에 구애받지 않고 언제 어디서나 편리하게 상담을 요청할 수 있다. 전화상담은 면접상담과 달리 사생활 및 얼굴을 보이지 않는 익명성을 보장받는다. 전화상담은 언어표현으로만 이루어지는 상담의 약점이 있으며, 일회성으로 끝날 수 있는 것으로 상담의 효과성 면에서 단점이 있다.

♣ 전화상담의 특성

편리성	익명성	언어적 표현	일회성

3) 전화상담과 상담자의 훈련

전화상담은 내담자를 보지 않고 상담하는 언어적 상담으로서 음성의 질, 목소리 크기, 톤, 음색, 유창성, 한숨, 침묵 등에 대한 비언어적 임상훈련이 필요하다.

음성 고저

일반적으로 내담자의 목소리가 크거나 명랑할 때에 자신감, 능동적, 적극적이라고 볼 수 있다. 반면에 목소리가 보편적인 것에 비해 작거나 낮다면 정서적으로 자신이 없고 불안과 혼란, 고통과 절망 가운데 놓여 있을 가능성이 높다.

목소리 고저와 상담내용이 일치하는지에 대한 탐색을 해야 한다. 상담내용은 침울한데 그 이야기를 전개하는 목소리의 톤은 크거나 명랑한 경우가 있다. 이 경우에는 내담자가 혼란을 겪고 있거나 내담자의 정서적 문제가 더 많을 수 있다.

이야기 전개의 유창성

일반적으로 내담자의 언어가 막힘이 없고 순조롭다는 것은 정서적으로 안정되어 있고 자기의 의견에 자신이 있음을 의미한다고 볼 수 있다. 그러나 반면에 내용에 대한 사실을 왜곡하고 방어하기 위한 경우도 있다.

이야기의 속도와 음색

일반적으로 말의 속도는 내담자의 현재 감정상태, 문제에 대한 태도, 긴급함, 상담에 대한 기대 등과 관련이 있다.

일반적으로 내담자의 음색은 내담자 감정 표현과 진실성 정도를 파악할 수 있다. 그러나 상담자는 상담내용과 표현의 속도와 음색에 조화를 관찰해야 한다. 또한, 내담자가 선천적으로 가지고 있는 음색으로 인해 왜곡되게 인지되는 부분이 있다는 점도 고려해야 한다.

4) 전화상담과 비언어적 표현 대처

울음소리와 웃음소리

내담자의 울음소리와 웃음소리는 자신의 감정과 문제에 대한 이해와 통찰의 시작이라고 볼 수 있다. 물론 처음부터 울음을 터트리는 내담자는 예외이다. 처음부터 울음을 터트리는 내담자는 억압된 감정과 불안감을 호소하는 경우, 심한 우울증일 경우가 있다.

처음부터 웃는 내담자는 거의 없다. 그러나 너털웃음으로 시작하는 경우는 있다. 이 경우에는 자신의 정당성을 주장하기 위한 것이거나 자신의 상황을 수용하기가 어려운 때에 나타난다.

내담자가 상담 도중에 울음을 터트렸다면, 그동안 억압된 자신의 감정을 쏟아내는 시작이거나 자신을 자책하거나 통찰하는 것에 대한 표현일 수 있다. 따라서 이때 상담자의 공감기법이 중요하다(공감기법 참조).

한숨소리와 침묵

한숨소리는 내담자의 감정이 힘들다는 표현, 이제 어떻게 해야 하는지에 대한 생각, 문제 상황에 대한 자책일 경우가 많다.

침묵은 저항, 자기 정화 및 탐색, 혼란, 사고의 경직, 수동성 등일 경우가 대부분이다.

침묵은 저항이다. 자신의 문제에 대한 노출을 꺼리는 스스로의 저항이거나 상담자의 직면에 대한 저항일 수 있다. 내담자가 상담자를 충분히 신뢰하지 못했거나 자신의 내면을 아직 받아들일 준비가 되지 못한 경우에도 저항이 나타날 수 있다.

침묵은 혼돈이다. 상담과정에서 내담자가 어떤 일에 대한 문제, 생각, 감정이 아직 정리되지 않아서 혼돈으로 인한 침묵일 수도 있다.

침묵은 탐색과정이다. 내담자가 자신의 이야기에 대해서 정리되지 않았거나 방어기제를 사용하여 자신을 탐색하는 시간을 갖기 위한 것일 수도 있다.

침묵은 자신의 이야기에 대한 중단 또는 정리이다. 내담자는 상담과정에서 자신의 이야기를 모두 이야기 했거나 그 이야기에 대해 상담자의 조언과 평가를 기대하면서 침묵할 수 있다. 따라서 상담자는 내담자의 침묵에 대해서 세심한 배려가 필요하다.

5) 전화상담자의 음성

전화상담에서 상담자의 음성은 내담자의 감정과 문제

에 대한 해결에 지대한 영향을 줄 수 있다. 상담자의 음성의 고조와 속도, 부드러움의 정도는 내담자에 대한 감정이나 태도에 영향을 주게 된다. 따라서 상담자는 자신의 음성에 대한 분석과 훈련, 그리고 관리를 해야 한다.

전화상담은 상담자와 내담자는 목소리를 주고받으면서 서로에게 영향을 주는 관계이다.

상담자의 목소리는 내담자에게 안정을 주고, 희망을 주고, 위로와 격려를 해 주어야 하는 부담감이 있다.

상담자는 내담자의 목소리를 들으면서 정서와 감정의 분위기를 읽고 응답해야 한다. 따라서 전화상담은 상담자의 임상적 경험과 훈련이 많을수록 유리하다.

6) 전화기 선택

· 전화상담의 전화기는 가장 좋은 것을 사용해야 한다.
· 전화기 자체에 수신자 번호가 표시되어야 한다.
· 녹음기능이 있는 전화기를 준비해야 한다.

전화상담은 상담시간에 대비하여 귀 자체에 부담감을 주는 것이 사실이다. 무더운 여름날에는 귀에 땀과 소리에 대한 부담감이 더 있어서 상담 효과성에 영향을 주게 된다. 따라서 전화상담의 도구로 성능이 좋은 이어폰, 헤드셋 등을 사용하는 것이 좋다.

전화 상담실에 공간이 방음장치가 되어 있다면, 상담자를 위해, 상담의 효과성을 위해 밖으로 들리게 하는 음성통화 상담도 효과적이다.

차후에는 전화상담이 활성화되면 영상통화, 화상통화를 활용한 상담이 활발하게 이루어지게 될 것이라고 본다.

7) 전화상담 실제

따르릉 ! 행복가정상담소입니다.

1) 전화상담 5단계

1단계	2단계	3단계	4단계	5단계
경청	무조건적인 수용	질문	통찰 · 자의식 목표설정 · 상담진행	종결

1단계 내담자가 첫 번째 하는 말에 대해 귀 기울인다.

사례 1) 거기 !!! 도 상담하나요?
사례 2) 거기 상담소죠?
사례 3) 거기 행복상담소죠?

사례 1) 거기 !!! 도 상담하나요?

이렇게 상담을 요청하는 내담자는 비교적 자신의 문제 상황(상담받고 싶은 내용)에 몰두하는 경우가 대부분이다. 또한, 상담자의 전문성을 요구하는 만큼 자신의 문제해결 을 급하게 원하는 심리가 있다.

사례 2) 거기 상담소죠?

이렇게 상담을 요청하는 내담자는 상담할 것에 대한 탐 색하는 마음이 크다. 자신의 의지를 가지고 상담을 하기로 했지만 확실한 도움을 받을 수 있을 것인가를 확인하려는 마음으로 비교적 기대가 적은 마음으로 접근하는 경우가 대부분이다. 이러한 상담요청은 상담자의 언어와 상식에서 전문성을 부각시킴으로써 안정적인 상담이 될 수 있다는 신뢰를 줄 수 있어야 한다. 전화를 잘하셨다는 멘트와 더불 어 편안한 마음으로 상담에 대해 궁금한 점이 있으시면 말 씀하시라고 친절하게 안내하면서 상담을 해야 한다.

사례 3) 거기 행복상담소죠?

이렇게 상담을 요청하는 내담자는 자신의 문제에 대한 인식을 비교적 잘 분석하는 성격을 가진 자로서 정확한 것을 선호하는 사람이다. 또한, 상담의 정확성을 요구할 수 있으며, 자신의 문제에 대해서 감정적인 것보다 인지적인 의식을 더 많이 갖고 접근하는 내담자일 경우가 대부분이다. 따라서 상담자는 정확하고 깔끔한 안내와 체계적인 상담이 진행될 수 있다는 신뢰성을 주는 것이 중요하다.

2단계 무조건적인 수용 자세로 경청해야 한다.

전화상담은 내담자의 모습을 보지 못하기 때문에 면접상담보다는 더 신중하게 경청을 해야 한다. 내담자의 말을 충분히 듣고 판단하고 질문해야 한다. 2단계에서는 간헐적으로 내담자의 이야기를 요약정리하면서 상담자 자신이 충분한 이해를 하고 있다는 점을 피드백을 해 주어야 한다.

3단계 2단계에서 경청한 것을 토대로 내담자의 요구 즉, 상담목적이 무엇인지를 질문하고 확인해야 한다.

내담자가 상담을 하는 이유와 상담을 통해서 얻고자 하는 목표와 의미를 통찰해서 확인하는 것이 중요하다. 따라서 이 3단계에서 내담자의 상담 의도와 목적에 대해 다양한 질문을 통해서 명료화해야 한다. 자신의 처지와 모습을 스스로 보게 하는 반영적 질문, 감정과 정서 상태를 표현할 수 있는 개방적인 질문이 필요하다. 예를 들면, 지금 기분이 어떠세요. 왜 그런 감정이 자주 올라온다고 생각하세요. 지금 가장 힘든 사람이 누구라고 생각하세요. 지금 가장 힘든 것이 무엇입니까? 등이다.

4단계 상담이 계속 진행될 것인지와 개인 면접상담이 필요한 것인지를 관찰하면서 내담자의 상담을 진행한다.

내담자가 일회적인 상담이 아닌 지속적 상담을 원할 경우에는 시간적인 여유가 주어지기 때문에 이 결정은 중요하다. 상담이 계속 진행된다면, 상담을 구조화해야 한다.

상담 진행을 통해서 내담자가 스스로 자신을 돌아볼 수 있
도록 통찰시켜야 하며, 자의식을 가질 수 있도록 도와주어
야 한다. 상담목표는 내담자가 요구한 것을 중점으로 상담
자의 전문성을 추가하여 합의 하에 결정하고 진행하는 것
이 효과적이다. 상담자가 내담자의 상담 목표를 돕는 것은
정서가 안정되지 않은 내담자가 놓치는 것이 있을 수 있기
때문이다. 그렇지 않고 일회성 상담이라고 판단되면 5단계
종결상담을 준비해야 한다.

5단계 종결단계이다.

상담의 종결은 전체종결과 회기종결이 있다. 전화상담은
이상 두 가지의 종결을 고려해야 한다. 회기종결이 전체종결
인 경우가 많은 것이 전화상담이다. 전화상담 시 종결단계에
서 상담자는 내담자에게 필요하다면 개인 면접상담, 가족상
담, 집단상담 등을 권유할 수 있다. 따라서 전화상담 시에는
타 기관이나 상담전문가에 의뢰할 정보를 확보하는 것이 중
요하다. 또는 바로 내담자에게 필요한 연결 서비스를 위한 정
보 등을 가지고 있어야 한다. 방법으로는 그 자리에서 바로

컴퓨터 검색을 할 수 있도록 준비하는 것도 전화상담자에게
필요한 부분이다.

8) 전화상담의 종결유형

지지적 종결

내담자의 문제호소와 요구에 대해서 내담자가 스스로
공감을 얻었다고 판단되었을 때에 종결할 수 있다.

의사결정 종결

내담자의 요구와 갈등에 대해서 상담자에게 도움을 받
고 자신의 의지를 통해서 선택해 나아갈 수 있다는 피드백
이 올 때 종결할 수 있다.

정보제공 종결

내담자가 문제 상황으로부터 회복할 수 있는 정보제공,

대안, 대처방법에 대해 상담자가 정보제공과 조언을 주었을 때 종결할 수 있다.

상담목표 달성 시 종결

내담자가 자신의 문제에 대해서 회복을 통해 정서적 안정을 찾거나 상담목표를 달성했을 때 상담자와 협의하여 종결할 수 있다.

상담의뢰를 통한 종결

내담자가 호소하는 문제해결을 위해서 타 상담자(소)가 더 효과적이라고 판단되었을 때에 내담자에게 충분히 설명하고 동의를 얻어 종결할 수 있다.

상담시간 및 회기종결

상담자는 전화상담을 시작하기 전에 상담시간에 대해서 내담자에게 알려 주고 협의하여 진행해야 한다. 그 상담

시간이 되었을 때 상담자는 내담자가 종결할 수 있도록 상담 종결 10분 전에 언급할 수 있다. 물론 자연스럽게 상담자가 시간을 조절하여 상담 시간에 맞추어 종결하면 더욱 좋다. 또한, 상담자는 상담회기를 준수함으로써 종결할 수 있다.

상담자는 상담종결 전에 반드시 내담자에게 상담이 종결할 것이라는 알려주어야 한다. 왜냐하면, 내담자는 상담종결로 인한 불안감을 가질 수 있기 때문이다.

9) 전화상담의 유의사항

- 상담자는 내담자에게 상담이론에 대한 정보를 제공하는 것은 피해야 한다.
- 내담자의 음담패설 등 성적인 자극적 표현에 대해서 잘 대처해야 한다. 상담자가 내담자의 안정과 상담지속성을 위해서 자신의 성적 견해나 사실적 의미의 표현을 자제해야 한다.
- 내담자가 보이지 않는다고 다른 일 즉, 행정적인 일을 하면서 전화를 하지 말아야 한다. 또는 책상을 정리

하면서 전화상담에 임하지 말아야 한다. 비록 내담자
가 보이지 않지만 상담자는 전화상담에만 집중해야
한다.

· 주변 환경을 조용하게 유지해야 한다. 전화상담 시 주
변에서 잡음이나 소음, 또는 다른 사람의 말소리가
들려서는 안된다.

10) 전화하고 말이 없을 때 대처

전화를 걸어서 말을 하지 않고 2~3분 이상 흐른 후에
도 말이 없을 때 "다음에 다시 상담을 원할 때 전화해주시
면 도와 드리겠습니다." 라고 말한 후 전화 끊어야 한다.

11) 장난 또는 시비 전화 대처

전화상담은 가끔 장난으로 하거나 자신의 감정을 화풀
이 할 곳이 없을 때 전화해서 시비를 거는 경우가 있다. 이
런 상황에 대비하여 전화상담자는 항상 사전에 마음의 준
비가 필요하다.

음란성 전화

전화상담은 가끔 음란성 전화가 걸려온다. 또는 처음에
는 정상적인 상담인 것처럼 가장을 하거나 점차적으로 성
도착증적인 표현으로 여성상담자를 희롱하는 경우가 있다.

이때에는 "상담내용이 녹음되고 있으니 자제해 주시기
바랍니다. 또는 다음 상담전화가 있어서 전화를 끊어야겠
습니다. 다음에 전화 주시기 바랍니다." 라는 말로 순간을
피하고 대책을 마련해야 한다.

상습적으로 되풀이되는 내용 상담전화

내담자가 동일한 내용으로 전화하거나 비슷한 내용을
되풀이하는 상습적 내담자가 가끔 있다. 내담자가 병적인
상태라면, 심리치료 차원에서 도와주어야 하지만 상담자를
희롱하거나 농락하는 의도가 있으면 적절한 대처와 조치가
있어야 한다. 앞서 말한 것과 같이 녹음 중인 것을 인지시
킬 필요가 있다. 녹음 중이 아니라면 녹음을 시도하는 것도

대처 방법이 된다. 또는 다른 상담전화를 이유로 종결해야
한다.

의도적인 장난상담 전화 시 종결

전화상담은 의도적인 장난전화 일 경우가 종종 있다.
이때 상담자의 윤리를 지키면서 상담을 종결하기가 쉽지
않다. 상담자가 여성일 경우에는 음란성, 성희롱 전화가 대
부분이다. 이때 상담자는 자연스럽게 그리고 단호하게 종
결해야 한다. 이러한 경우는 전문적이고 순간적 직관에 의
한 종결기법이 요구된다.

- 다음 전화를 위해 종결한다고 할 수 있다.
- 다른 전화가 와서 종결해야 한다고 할 수 있다.
- 지금 상담내용은 녹음이 되고 있다고 하면서 종결할
  수 있다.
- 다음에는 상담규정 상 남성상담자에게 의뢰할 부분이
  라고 말하면서 종결할 수 있다.

12) 장시간의 전화 대처

긴급위기 상담 즉, 자살충동, 자살시도, 우울증 및 조울증 호소 등을 제외한 일반 전화상담은 30분 내외로 하는 것이 적당하다. 내담자가 그 이상에 시간을 넘기려고 할 때 다음 상담을 위해 종결한다고 한 후 다음 상담시간을 약속하면서 종결을 이끌어내야 한다. 장시간 한 사람을 상담하는 것은 상담자의 피로감, 무력감, 긴장과 같은 이유로 상담효과에 도움을 주기 어렵기 때문이다.

13) 내담자의 이야기에 대한 경청 실제

음...
아 예...
그렇군요.
그 마음을 알 수 있을 것 같아요.
속이 많이 상하셨겠습니다.
그렇게 말씀하신 것은 잘하신 것 같네요.
그럴 수 있겠네요.

그래서요.

계속 말씀해보세요.

그 때 느낀 감정은 어떠했습니까?

그래서 지금은 어떠세요?

지금 생각해 보면 어떤 생각이 드시나요?

그런 말을 들었을 때 어떤 마음이 드시나요?

그 사람이 왜 그런 말을 했는지 생각해 보셨나요?

그 사람이 왜 그런 행동을 했다고 생각하시나요?

지금 그 사람이 말을 듣고 있다면 어떤 말을 해 주고 싶나요?

지금 그 사람에게 무슨 말을 듣고 싶나요?

그 사람이 어떠한 태도로 내담자를 대해 주기 원하시나요?

지금 내담자의 상황이 어떻게 변했으면 좋겠습니까?

이렇게 말씀하고 나니 지금 마음이 어떠신가요?

14) 전화상담 수칙

· 부드럽고 낮은 음성으로 말한다.
· 내담자의 말에 깊은 관심을 보인다.
· 먼저 잘 듣고 이해하면서 공감하도록 한다.

- 내담자의 이야기 도중 가능한 한 불필요한 질문은 피한다.
- 내담자의 말을 끊지 않도록 한다.

2. 사이버상담

21세기를 맞이하면서 일상생활 속에서 컴퓨터 이용이 보편화되고 있다. 인터넷 문화가 생활 깊숙이 자리매김함에 따라 사이버 공간에서 다양한 의사소통이 이루어진다. 사이버 상담(Cyber counseling)은 가상공간에서 이루어지는 상담활동이다.

사이버 상담은 내담자에게는 편리한 상담인 반면에 상담자에게는 시간이 많이 투자되는 상담이다. 사이버 상담은 상담내용이 기록에 남는 상담으로 상담자와 내담자에게 부담이 되는 상담이다. 따라서 상담자는 개인상담과 전화상담에 비해 신중해야 할 부분이 있다.

1) 사이버상담의 특징

사이버상담은 PC를 통해 이메일상담. 화상상담, 채팅상담, 게시판상담, 데이터베이스상담, 그리고 스마트폰을 이용한 카카오톡(Kakaotalk)과 밴드(Band) 등을 활용한 상담을 진행할 수 있다. 특히 스마트 폰이 대중화되면서 내담자들이 시·공간의 제약 없이 간편하게 상담이 가능해졌다. 사이버상담은 내담자의 익명성과 자신의 문제에 대해 불안을 감소시키면서 상담을 받을 수 있는 장점이 있다. PC와 스마트폰을 이용한 사이버상담은 청소년이나 젊은 층의 내담자에게 친밀성과 편리함을 느끼게 한다는 점에서 상담의 대중화가 되고 있다.

2) 사이버상담 수칙

사이버상담자는 따뜻함, 신속함, 배려감, 차분함, 명확성, 현장감을 줄 수 있는 태도가 있어야 한다.

- 사이버상담은 대부분 일회성인 경우가 많다. 그러나 내담자의 문제 정도에 따라서 지속상담으로 진행할 수 있도록 관계형성이 중요하다.
- 진실하고 성실한 표현을 통한 상담이 이루어져야 한다.
- 내담자가 자신의 감정을 충분히 표현하고 정리할 수 있는 적절한 질문을 해야 한다.
- 내담자가 다양한 매체를 통해 상담을 요청하기 때문에 상담자는 다양한 매체상담기법을 숙지하고 준비해야 한다.
- 실시간 상담인 채팅상담을 하는 상담자는 타이핑 속도를 위해 준비해야 한다. 또한, 신세대가 사용하는 다양한 글씨체, 이모티콘 활용, 통신 언어에 대한 이해, 아바타 사용 등을 준비해야 한다.
- 동영상 상담은 상담자가 음성매체, 사진파일 등을 활용하여 글로 표현하는 한계와 이미지를 통한 상담을 할 수 있는 능력을 갖추어야 한다.
- 사이버상담은 수시로 시공간에 제한을 받지 않는 상담으로 긴장감이 있는 것과 하루에도 여러 번 확인해야 하는 부담감이 있기 때문에 이메일 상담과 게시판 상담은 시간을 정해 놓고 확인하는 것이 도움이 된다. 정해

진 시간에 상담 요청에 대한 것을 확인하게 되면 내
담자도 의식적으로 시간에 맞추어서 답변에 대한 기
대를 갖게 된다. 이러한 것은 자연스러운 상담의 구
조화를 만드는 것이 된다.

3. 이메일상담(E-mail Counseling)

이메일상담은 내담자가 자신의 문제를 시간을 가지고
잘 설명하려고 하기 때문에 자기상담(Self-Counseling)
을 할 기회가 된다. 따라서 이메일상담은 상담자가 전문성
을 발휘하면 내담자 스스로에게 유리한 상담이 될 수 있다.
상담자는 내담자의 의도를 잘 읽은 후에 내담자의 진심을
표현할 수 있도록 도울 수 있다. 또한, 상담자는 이메일을
통해서 내담자가 자신을 통찰할 수 있는 질문을 함으로써
내담자가 자신을 통찰하고 수용하도록 도울 수 있어야 한
다.

질문

1) 그 사람은 왜 내담자를 힘들게 한다고 생각하십니까?
2) 그 사람은 지금 어떤 마음일까요?
3) 그 사람이 어떻게 해 주길 바랍니까?
4) 그 사람에게 무슨 말을 하고 싶은가요?
5) 이 문제가 어떻게 해결되기를 원하십니까?

상담자는 이러한 내담자 간의 질문과 답신을 통해서 상담의 목표를 세우고 도울 수 있는 방법을 얻을 수 있다. 이메일 상담은 개인상담보다 내담자를 도울 수 있는 충분한 시간이 있기 때문에 상담의 효율성을 높일 수 있는 장점이 있다.

4. 화상상담(Video Counseling)

화상상담은 내담자의 비언어적인 언어에 대한 정보획득이 가능한 상담이다. 그러나 상담자와 내담자 모두가 얼굴이 노출되는 단점 때문에 신중해야 할 부분이 있다. 화상상담은 PC 사양과 그래픽, 그리고 화상 카메라 등의 장비가 최고 사양으로 준비되어야 하는 경제적인 부담이 있다. 뿐만 아니라 내담자의 장비 또한, 최고 사양일 때 더 큰 효과를 얻을 수 있다.

5. 채팅상담(Chat-Room Counseling)

채팅상담은 통신망을 통해 문자메시지를 주고받으면서 상담자와 내담자가 실시간 대화를 나누며 진행되는 장단점이 있다. 장점은 상담자와 내담자가 서로 얼굴을 보지 않고 할 수 있다는 점이다. 또한, 시간과 공간에 제한을 받지 않는다는 장점이 있다. 채팅상담은 상담내용 전체를 남길 수

있는 장점과 단점도 있다. 채팅상담은 내담자 입장에서 즉
각적인 대답을 원하는 경우가 많기 때문에 상담자에게 부
담이 될 수 있으며 성급하게 답변을 하면 실수할 수 있기
때문에 더 신중하고 조심스럽게 대응해야 한다. 채팅상담
은 실시간 상담으로 위기상담에 효과적일 수 있다.

6. 게시판상담(Bulletin Counseling)

게시판상담은 상담기관의 홈페이지를 활용한 상담과
포털 사이트의 질문게시판(ex. 네이버 지식IN)등을 활용
하여 진행될 수 있는 상담이다. 회원가입을 통해서 내담자
의 상담내용을 1:1 관계의 비밀상담을 진행할 수 있다. 따
라서 상담소는 홈페이지 보안을 철저히 해야 하는 부담감
이 있다.

포털 사이트를 통한 게시판 상담은 공개적으로 진행되
는 경우가 많으며, 불특정 다수의 참여가 있게 되어 내담자
를 보호하는데 문제가 발생하게 된다.

7. 데이터베이스상담(Database Counseling)

데이터베이스상담은 내담자를 도울 수 있는 다양한 정보와 자료들을 서버에 저장해 놓고 일부 사람에게만 공개하는 형식의 상담을 의미한다. 이 상담은 문자나 영상자료에 대해 서버에 저장한 후 특정 개인이나 가족상담을 하는 내담자들이 필요할 때에 언제든지 검색, 활용할 수 있는 형태로 운영되는 상담이다. 데이터베이스상담은 보편적인 정보제공과 자료에 의한 것으로 자연스러운 측면과 보편적인 측면에서 장점이 있을 수 있다. 그러나 운영하는 상담소 측면에서는 서버 구축과 데이터 업그레이드 등을 해야 하는 경제적인 부담감이 있다.

사이버상담은 상담자와 내담자가 장단점을 충분하게 이해하고 활용한다면 효과적인 상담을 진행할 수 있다. 상담자에게 장점은 시간적인 여유가 있다는 부분이다. 내담자입장에서 장점은 자신의 감정과 생각을 글로 표현하는 과정에서 스스로 상담을 할 수 있다는 장점이 있다. 그러나 상담자와 내담자 모두 주의해야 할 것은, 상담내용 전체를

근거로 남길 수 있다는 단점과 부담감을 가지고 있는 만큼
다른 상담보다 더욱 신중한 상담이 요구된다는 점이다.

참고문헌

Albronda Heaton Jeanne. *A Practical Guide for Current Mental Health Practice*. 1998.
American Psychiatric Association. Diagnostic and *Statistical Manual of Mental Disorders Mental Disorders*. DSM-Ⅳ. Washington. 2000.
Clark, Arthur J. 김영애역. 방어기제를 다루는 상담기법. 김영애가족치료연구소, 2005.
Corey, Gerald. *Theory and Practice of Counseling and Psychotherapy* (Fifth   Ed.,) An International Thomson Publishing Company. 1996.
Corey, Gerald Marianne, Schneider Corey, Patrick Callanan, J. Michael Russell, 김춘경, 최웅용공역. 집단상담 기법. Cengage Learning. 2005.
Cormier, Sherry. Hackney. Counseling Strategies and Interventions. Allyn & Bacon. 2005.
Corsini, Raymond J. with the Assistance of Danny Wedding, 김정희, 이장호역, Current Psychotherapies, 현대심리치료, 중앙적성출판사, 1996.
Glen O. Gabbard, Psychodynamic *Psychiatry in Clinical Practice*, Washington, 1994.
Jones, Stanton L. & Butman, Richard E. 이관직 역, Modern Psychotherapies, -*A Comprehensive Christian Appraisal*-, 현대심리치료법-기독교적인 평가-, 총신대학출판사, 1995.

Hall, C. S. G. Lindzey, 이상로 외 공저, Theories of
  Personality, 성격의 이론, 서울: 중앙적성 출판사, 1995.
H. Hartmann, (1939). *Ego Psychology and the Problem
  of Adaptation*. New York: Int. Univ. Press, 1958.
H. Hartmann, (1964). *Essays in Ego Psychology*. New
  York: Int. Univ. Press, 1964.
Heaton, Jeanne Albronda. 상담 및 심리치료의 기본기법.
  김창대역. 학지사 2006.
Hjelle, L.A. Ziegler, D.J. 이훈구역. *Personality Theories*,
  성격심리학, 서울:범문사,1995.
Martin G. David, *Counseling and Therapy Skills*,
  Waveland Press, 1983.
Meier, Paul D. Minirth, Frank B. Wichern Frank B.
  *Introduction to Psychology and Counseling –
  Christian Perspectives and Applications–*
R. Michaels, & Yaeger, R. K. Adaptation. PMC.
  Forthcoming. Waelder, R. (1930). T*he principle of
  multiple function*. PQ, 5:45–62, 1936.
Pervin, Lawrence A. 정영숙외 2인 옮김. *The Science of
  Personality* 성격심리학. 서울: 박학사. 2005.
Thompson, Rosemary A. 김춘경역, 상담기법. 학지사 2007.
폴D. 티저& 바바라 배런 티저 지음, 강주헌 역, 사람의 성격을
  읽는 법, 서울: 더난출판, 2001.
Veilant. George E. *Adaptation of Life*. 한성열 역.
  성공적인 삶의 심리학.
Weinshel, E. (1971). *The ego in health and normality*.
  JAPA, 18:682–735.
김상인, 정신건강과 방어기제, 한국전인교육개발원, 2009.
김상인, 상담심리용어사전, 만남과 치유, 2014.
김상인, 정신건강과 성격장애을 위한 상담실제. 만남과 치유 2014
김정희, 심리학의 이해, 학지사, 1996.
김환·이장호, 상담면접의 기초, 학지사, 2013.
박태수·고기홍, 개인상담의 실체, 학지사, 2013.
신경진. 상담의 과정과 대화 기법. 학지사. 2010.
윤순임 외 14 공저, 현대상담. 심리치료의 이론과 실제,

중앙적성출판사, 1995.
최정훈 외 5 공저, 인간행동의 이해, 범문사. 1995.
위키백과 사전/두산백과 사전/정신분석 사전/심리학
사전/사회심리학 사전/교육학 용어사전/체육학대사전

다문화 관련 참고문헌

강유미, 신혜종 (2010년). 결혼 이주 여성의 성공적 적응
  과정에 관한 연구. 상담학연구, 11(4), 1393-1410.
심인선 (2010년). 2009년 전국 다문화가족 실태조사 연구.
  서울: 한국보건사회연구원.
김오남 (2006년). 이주여성의 부부갈등 결정요인 연구.
  가톨릭대학교 박사학위 논문.
김이선, 김민정, 한건수 (2006년). 여성 결혼이민자의 문화적
  갈등 경험과 소통 증진을 위한 정책과제. 한국여성개발원.
김현수, 최연실 (2012년). 결혼 이주 여성의 가족상담 필요성
  인식 관련 요인의 탐색. 한국심리학회지: 여성, 17(3),
  435-456.
나임순 (2008년). 외국인 결혼 이주 여성들의 스트레스에
  영향을 미치는 요인. 한국비영리연구, 7(1), 97-135.
문경희 (2006년). 국제결혼 이주여성을 계기로 살펴보는
  다문화주의와 한국의 다문화현상. 21세기 정치학회보,
  16(3), 67-93.
박민희 (2012년). 여성 결혼 이민자의 스트레스 측정 도구
  개발. 이화여자대학교 대학원 박사학위 논문.
박성연외 10명 공역(2007년). 부모자녀관계. 교문사.
설동훈외 공동연구(2005년). 국제결혼 이주 여성 실태조사 및
  보건복지 지원정책방안. 보건복지부 연구보고서.
송미경, 지승희, 조은경, 임영선(2008년). 다문화 가정 외국인
  모의 부모경험에 관한 연구. 한국심리학회지: 상담 및
  심리치료, 20(2), 497-517.
오성배 (2005). 코시안(kosian) 아동의 성장과 환경에 관한

사례연구. 한국교육, 32(3), 61-83.
윤형숙 (2005년). 외국인 출신 농촌주부들의 갈등과 적응: 필리핀 여성을 중심으로. 지방사와 지방문화, 8(2), 299-339.
이금연 (2003년). 충남 거주 외국인여성을 위한 정책 모색 워크숍 자료집. 이주여성들의 인권문제와 정책방향. 충청남도 여성정책개발원.
이순형 (2006년). 농촌여성 결혼이미지 정책지원방안. 농림부.
이윤애 (2004년). 전북지역 외국인여성 정착지원 방안. 전라북도 여성발전연구원.
이현주 (2013년). 한부모 이주여성의 자녀양육과 삶에 대한 연구. 여성학연구, 23(1), 171-214.
이혜경 (2005년). 혼인이주와 혼인이주 가정의 문제와 대응. 한국인구학, 28(1), 73-106.
임은미, 정성진, 이수지(2010년). 여성 결혼이민자의 문화적응 유형과 문화적응 스트레스. 상담학연구, 11(3), 957-973.
정기선, 김영혜, 박경은, 박지혜, 이승애, 이은아, 이지혜 (2007년). 경기도내 국제결혼이민자 가족실태조사 및 정책적 지원방안 연구. 경기도 가족여성개발원 연구보고서.
조미영(2010년). 다문화가정 어머니들의 영유아기 자녀양육 지원을 위한 멘토링 과정 탐색. 성신여자대학교 대학원 박사학위 논문.
주은선, 조병주, 이현정 (2012년). 결혼이주여성의 상담 체험에 관한 질적 연구. 한국심리학회지: 일반, 31(1), 45-76.
최운선 (2007년). 국제결혼 이주여성의 사회문화 적응에 관한 연구. 아시아여성연구, 46(1), 141-181.
한건수 (2006년). 농촌지역 결혼이민자 여성의 가족생활과 갈등 및 적응. 한국문화인류학, 39(1), 195-243.
한국여성개발원 (2006년). 여성 결혼 이민자의 문화적 갈등 경험과 소통증진을 위한 정책과제. 서울: 한국여성개발원.
한상영 (2011년). 다문화가정 여성의 자녀 양육경험. 중앙대학교 대학원 박사학위 논문.

다문화 상담의 실제
-대면상담과 비대면 상담-
Counseling Practice of
Multicultural Person/Family

초판 인쇄   2020년 6월 22일
초판 발행   2020년 6월 22일

저   자 김 상 인
펴낸 곳   만남과 치유 (Meeting & Healing)
주   소   서울시 송파구 위례성대로 12길 34, 201호
         (방이동163-9)
         저자 E-Mail : counseling@anver.com
         연 락 처 : 070-7132-1080

정   가 18,000원
ISBN : 978-11-966283-1-4 93330